Magnus Angermeier

Tango Essays

Magnus Angermeier

Tango Essays

Liebe, Tod und Tango 2006
Tango Zarathustra 2011
Metatango/Tango Implosión 2019

Bibliografische Information der Deutschen Nationalbibliothek:
Die Deutsche Nationalbibliothek verzeichnet diese Publikation
in der Deutschen Nationalbibliografie; detaillierte bibliografische Daten sind im Internet über dnb.dnb.de abrufbar.

© 2020 Magnus Angermeier

Herstellung und Verlag: BoD – Books on Demand, Norderstedt

ISBN: 9783750488113

Inhalt

Seite

Den Fedeles del Tango
in dieser besten aller
möglichenWelten

Vorwort

Die hier vorgelegte Sammlung von Texten zum Thema Tango sind in lockerer Folge in den letzten vierzehn Jahren entstanden. Sie gliedert sich in drei Gruppen, von denen ich die beiden ersten „Liebe, Tod und Tango" und „Tango Zarathustra" bereits früher, 2006 und 2011 im Verlag Eschelberg veröffentlicht habe. Die dritte, hier erstmals vorgestellte Abteilung „Metatango/Tango Implosión" entstand im Zeitraum von 2013 bis 2020.

Die Tangowelt ist groß und es gibt in ihr unzählige Strömungen, Gemeinden, so daß es auf den ersten Blick schwer fällt, den Tango als einheitliche Erscheinung zu betrachten. Dennoch gibt es auch die große Einheit des Tangos in der Welt. „Tango" ist eine Sprache, welche die Menschen aller Völker der Erde verbinden kann.

So sind auch diese Texte unterschiedlich in ihren Aussagen: Zum einen nehmen sie einen durchaus regionalen Bezug zur Tangoszene Österreichs und der umliegenden Länder. Andererseits beschreiben sie aber auch grundlegende, allgemeingültige Aspekte des Tangos.

Wie dem auch sei, im Grunde möchte ich diese Texte verstanden wissen als Anregung, gelegentlich auch als Provokation, aber immer als persönliche Deutung, von der ich hoffe, daß sie auf vielfältigste Art Anlass zu Betrachtung und Diskussion bieten wird.

Mein Dank gilt all den vielen Tänzerinnen und Tänzern, mit denen ich diese einzigartige Erfahrung des Tangos habe teilen dürfen.

Eschelberg, im Januar 2020
Magnus Angermeier

Liebe, Tod und Tango

Magnus Angermeier
Essay

Inhalt

Vorspann

Als mich mein Freund Johannes Bogner im Dezember 2002 zu einer Milonga im Wiener Volksgarten mitnahm und ich zum ersten Mal Tango sah, wurde mir sofort klar, daß der Tango für mein weiteres Leben eine Rolle spielen würde. Seither sind drei Jahre vergangen, in welchen ich kaum eine Gelegenheit zum Tango lernen, üben und tanzen versäumt habe. Doch sind im Tango drei Jahre keine Zeit. Im Grunde bin ich immer noch Anfänger. Da muß es anmaßend und fast lächerlich erscheinen, Texte über den Tango zu verfassen und noch mehr, sie dann auch noch zu veröffentlichen. Auch mag es abenteuerlich wirken, heute, in einer Zeit, in der selbst Spezialisten eng umgrenzte Detailfragen nicht mehr erschöpfend behandeln können, ein so komplexes Thema in einem kleinen Büchlein behandeln zu wollen.

Doch war es die Erfahrung des Tangos, in welcher viele für mich offene Fragen in eine schlüssige Antwort mündeten. Und die Betrachtungen dieser Erfahrung habe ich eigentlich von Anfang an in diesen Tangotexten – zunächst nur für mich – versucht, festzuhalten. So ist aus diesen ursprünglichen Fragmenten nun doch ein Ganzes geworden, - freilich immer noch fragmentarisch genug. Und selbstverständlich können diese Betrachtungen und Überlegungen keinerlei Anspruch auf Allgemeingültigkeit erheben. Sie sind, wie ich selbst, abgehoben, sehr individuell, und oft vielleicht geradezu versponnen. Und doch denke ich, daß diese Texte, - eben in ihrer Fragwürdigkeit, - als Momentaufnahme eines status quo - für viele Tangueros Anregung zu Überlegungen und Gesprächen, die sie doch so gerne führen, sein können. Im Grunde handelt es sich lediglich um einige Hypothesen, die ich eben mal zur Diskussion stelle.

Eschelberg, im März 2006.

Die Welt in der wir leben

In dieser Zeit, in welcher das ganze äußere Leben im Chaos versinkt, aus dem es gekommen ist, fühlen empfindsame Menschen die Sehnsucht nach Ruhe, Geborgenheit, Sicherheit weit intensiver als in ruhigeren Zeiten mit geordneteren Verhältnissen. Es erweist sich, daß die Frage nach dem Sinn des Lebens nun, nach dem Zusammenbruch der äußeren Werte und Normen, in einem erweiterten Rahmen neu gestellt werden müßte. Denn im Bereich der äußeren Welt, in welcher Macht, Reichtum, Erfolg, Ansehen, Herrschaft,... die Grundlage oder den Sinn und Zweck des Lebens bilden, ist eine Antwort auf diese Frage nicht mehr zu finden. Ja, die Frage selbst wird sinnlos, der Rahmen paßt nicht.

Dabei wird es immer schwieriger, der äußeren Welt mit ihren tausend Forderungen und Bedingungen, die sich täglich vervielfachen wie die Schlangenköpfe der Hydra, zu entkommen. Die Zwänge werden immer zwingender und gleichzeitig, für jeden sichtbar, auch immer sinnloser: ein „selbsterhaltendes" System in seiner Endphase.

Wir leben in einer Welt der Massenmedien, der totalen, permanenten Überwachung eines jeden durch jeden, der weltweiten Verfolgung aller individuellen Kräfte, die nach natürlicher Freiheit und Ungebundenheit verlangen. Diese Welt erfüllt die Erwartungen G. Orwells vollkommen, wenn sie diese nicht noch übertrifft. In dieser Welt verlieren immer mehr Menschen alle Hoffnung und, was noch schlimmer ist, das Vertrauen in sich selbst, d.h. ihre Fähigkeit, sich selbst zu erneuern. Der Grund dafür ist, daß im Außen, in der äußeren Welt keine Rettung mehr in Sicht oder zu erwarten ist. Diese äußere Welt der Medien, der Politik und Wirtschaft, dieser Moloch, der alles verschlingt, fordert einen Menschen, wie er nicht sein kann, weil er so nicht ist. Sie fordert einen Menschen, der funktioniert wie eine Maschine, austauschbar, manipulierbar, reparierbar oder ersetzbar wie eine Maschine. Das heutige weltweite Industriesklaventum ist ohne Beispiel in der ganzen Menschheitsgeschichte. Die Millionen und Abermillionen Opfer dieses weltweiten Terrors werden in Statistiken beschönigt oder „vernünftig" wegretouchiert. Dabei sind wir so weit, daß bald die eine Hälfte der lebenden Menschen die andere pflegen und betreuen muß.

Dies alles klingt sehr entmutigend und, wenn man keinen Ausweg aus dieser Welt der Vernunft finden würde, bliebe nicht viel mehr als der Selbstmord, der allerdings heute in den perversesten Formen mehr Freunde findet denn je. Doch zeigt es sich in zunehmendem Maße, daß der Mensch nicht nur ein Geschöpf des patriarchalisch definierten Geistes und der viel gepriesenen Vernunft ist. Vielmehr ist er, und das vor allem, ein Bestandteil, ein Teil der Natur, der Physis, des Hervorgekommenen, Entsprossenen, Entsprießenden. Und wirklich birgt die Gefahr, wie Hölderlin so hellsichtig gesagt hat, das Rettende auch: Wenn das Leben bedroht ist durch bestimmte Mächte oder Verhältnisse, was oft nicht leicht zu trennen ist, gibt es verschiedene Arten der Reaktion: Die Rebellion, den Kampf, die Resignation, die Selbstzerstörung, die Flucht, einen Neubeginn, ... Dies alles sind natürliche Reaktionen, welche in der Natur, je nach Situation zur Anwendung kommen.

Tango als Ausweg

Die Flucht, - das Sich Entziehen - als Ausweg ist am erfolgreichsten, wenn man sich an einen Ort begibt, an dem einen der Verfolger nicht erreichen kann. Solche Fluchtversuche vor der Welt der Technokratie gibt es heute ohne Zahl. Der Weg führt sehr häufig „ins Unbetretene, nicht zu Betretende...". Dies ist der Weg der inneren Emigration, das heißt, in Bereiche, in denen der Mensch nicht mehr von den Angriffen und Bedrohungen der geschäftigen, äußeren Welt berührt werden kann. Und die Bereiche, für welche dies gilt, sind vielfältig:
• die bunt schillernde Vielfalt der esoterischen Weltbilder
  mit ihren meditativen und ekstatischen Techniken,
• die großen und kleinen Religionen und Sekten,
• Sport und Fitness – die Beschäftigung mit dem Körper und

dessen Eigenmechanismen,
- die Welt der Drogen mit ihren Verlockungen und Bedrohungen,
- und im weiteren Sinn bieten natürlich auch die Bereiche der Natur- und Geisteswissenschaften mit ihren Elfenbeintürmen, die auch die verschiedenen Disziplinen der Kunst beinhalten, Fluchtmöglichkeiten nach Belieben...

So gesehen kann jede Tätigkeit zur Droge werden, welche ein Leben in unerträglichen äußeren Umständen ertragbar macht.

Der argentinische Tango, der sich aus der Musik und den Tänzen der frühneuzeitlichen schwarzen Sklaven, dem Candombe über die Habanera entwickelt hat, erweist sich schon aufgrund seiner Herkunft und Entstehung als wirksames Mittel zur Flucht aus der Tristesse einer kaum erträglichen konkreten Welt. Dabei ist nicht zu übersehen, daß diese frühen Sklaven noch über das Wissen um Magie und Ritual des alten Afrika verfügten. Und das ist vielleicht auch der Grund, warum dieser Kult so wirksam, heilsam und erfolgreich war und dies auch gerade in der heutigen, technokratisch – wirtschaftlichen Weltkatastrophe von neuem sein kann.

Dabei ist das Geniale, daß der Tango als Instrument so einfach ist, daß er von jedem Menschen zu jeder Zeit an jedem Ort verwirklicht werden kann.

Grundwahrheiten

Wenn wir das Phänomen Tango verstehen wollen, müssen wir uns zunächst mit einigen grundlegenden Fragen befassen: Wir müssen die Bedeutung oder die Auffassung vom Ich, vom Selbst, der Person im Angesicht von Leben und Tod genauer betrachten. Dazu ist es erst einmal notwendig, zu fragen, in welchen Bereichen und Bahnen sich das Denken unserer gewöhnlichen, alltäglichen Welt bewegt.

Der Tango besteht in seiner Eigenart und Lebendigkeit seit ca. 100 Jahren. Dabei hat es nicht an Versuchen herrschender, weltlicher Systeme gefehlt, ihn zu vereinnahmen oder auszuschalten. Weder religiösen noch politischen oder wirtschaftlichen Institutionen ist es bisher gelungen, den Tango dauerhaft für ihre Interessen einzuspannen oder zu dominieren. Der Tango ist gegen diese Versuche anscheinend resistent.

Der Grund dafür liegt in der Tatsache, daß alle diese Systeme und Institutionen, welche in unserer äußeren Welt Bedeutung haben, auf einem Denken, einer Philosophie, einem Bild vom Menschen, von Tod und Leben und der Natur beruhen, mit denen der Tango von vornherein einfach nichts zu tun hat.

Dieses sogenannte abendländische Denken, das heute praktisch die ganze Welt erobert hat und beherrscht, gründet sich im wesentlichen auf Meinungen und Lehren, deren grundlegende Annahmen (Paradigmen) sich weder als allgemeingültig beweisen lassen noch einen Anspruch auf Ganzheitlichkeit erheben können. Um nur andeutungsweise die Richtung oder den Bereich (natürlich unvollständig) anzuzeigen, seien einige dieser Paradigmen beispielhaft genannt:

• „Der Mensch besteht aus drei Teilen: Körper, Seele und Geist."
• „Wirklich ist, was mit naturwissenschaftlichen Methoden verifiziert werden kann."
• „Relevant für die Vorgänge in der Welt sind nur geistige Schlüsse, welche mit den Gesetzen der Logik und der Vernunft konform sind."
• „Ausgesagt werden kann somit vorwiegend über die körperlichen und geistigen (Vernunft) Bereiche. Die seelischen, un- oder unterbewußten Bereiche werden angepaßt (medikamentöse oder soziopsychologische Therapien) oder verdrängt und unterdrückt.
• „Der Tod ist das Gegenteil von Leben. Über ihn kann mit den gegebenen Mitteln kaum etwas ausgesagt werden. Er ist deshalb zu fürchten beziehungsweise möglichst zu tabuisieren."
• „Zeit ist messbar nur im Raum bzw. als Bewegung in diesem. Sie kann deshalb nur linear, zweidimensional und unumkehrbar sein.

Die Liste solcher von fast allen als selbstverständlich angenommener „Wahrheiten" läßt sich beliebig verlängern.

Nach diesen wenigen und nur fragmentarischen Beispielen müssen wir uns darüber klar werden, daß auch die Grundlage unseres Denkens, die Sprache, von diesem Denken und seinen Mechanismn durchtränkt und geprägt ist und andererseits auch diese wiederum prägt. Dies kommt zum Ausdruck, zum Beispiel, in der seinsmäßigen Wertung von Verbum und Substantiv oder, im syntaktischen Bereich, in den Differenzierungen von Konditional und Futur.

Hierüber wäre ein eigenes Buch zu schreiben, - gibt es auch einige, aber wenige, - wir fragen nicht warum. Es kann nicht Aufgabe dieser Schrift sein, den Paradigmenstreit zu behandeln, - es soll genügen, die Problematik anzudeuten, um ihre Konsequenzen in Hinblick auf den Tango weiter zu betrachten. Kehren wir also nach diesem kurzen und dennoch notwendigen Exkurs zurück zum Tango:

Für den Tango gelten die oben genannten Paradigmen nicht oder nur teilweise. Sie sind hier somit, entgegen ihrer Natur oder ihrem Zweck, völlig relativiert. Der Tango entspringt dem Wissen der sogenannten „primitiven", heidnischen Naturvölker und deren Traditionen. Nur die Strenge seiner Formen, die man vielleicht als abendländischen Einfluß sehen kann, haben ihn salonfähig gemacht: Dieser strenge Formalismus ist sozusagen der gesellschaftliche Passierschein des Tangos: Gegen ihn ist nichts einzuwenden.

Die Argumente, welche sich gegen den Tango wendeten, um diesen zu diffamieren, bewegten sich im wesentlichen auf der ethisch – moralischen Ebene (der kultivierten Systeme). Sie blieben letztendlich wirkungslos, weil die Welt des Tangos an diesen Ebenen gar nicht zu messen ist. Dies zeigt sich z. B. bei Angriffen wegen der im Tango zum Ausdruck kommenden Erotik: Sie waren einfach nicht stichhaltig, weil die Erotik des Tangos auf einer allgemeinmenschlicheren Grundlage ruht als die verklemmte und verdrängte Erotik des Christentums[1] und der durch diese geprägten macht- und herrschaftsbezogenen Systeme. Der Erotik des Tangos haftet nichts Peinliches an, denn in ihm ist Erotik nichts weiter als die Einheit von Leben und Tod. Dies mag in unserer Sprache, in welcher Leben und Tod Gegensätze sind, dunkel oder fremd erscheinen. Deshalb ist diese Frage für das Verständnis des Tangos grundlegend. Und wir müssen, wenn wir den Tango verstehen wollen, viele Gewohnheiten unseres Denkens über Bord werfen oder einfach beiseite lassen. Hier haben die Gesetze der Welt und des Alltags keine oder nur bedingte Gültigkeit. Es ist dies die Welt, welche wir am ehesten aus dem Traum kennen:

Die Welt des Traumes

In der Welt des Traumes bilden wohl die Dinge und Gesetzmäßigkeiten, die unserer sinnlichen Erfahrung entspringen, das Substrat, die Grundlage. Alleine, sie sind, wie im Film, in alle Richtungen deformierbar: Die Dimensionen und Proportionen der Gegenstände und Räume werden ins Unbegreifliche vergrößert oder verkleinert, die Zeit ins Unendliche gedehnt oder auf einen Punkt oder gar ins Negative deduziert. Die unumstößlichen Gesetze unserer vier Dimensionen sind hier nicht mehr gültig. Die Schwerkraft ist aufgehoben, die Linearität der Zeit wird geradezu sinnlos. Die symbolischen Bedeutungen werden austauschbar und ihre Relativität wird zum Gesetz. Im Traum betreten wir einen Bereich, der seine eigenen Gesetze, seine eigene Wirklichkeit hat. Andreij Tarkowskij bezeichnet diesen Bereich in seinem Film „Stalker" als die „Zone", in welche die drei Helden seines Films eindringen, die sie erforschen, wo es nichts mehr zu forschen gibt. Es ist dies der eigentliche Bereich der Seele. Hier wird klar, daß das meiste, was wir meinen zu fühlen und als „Gefühle" titulieren, nur Gedachtes ist. Der Bereich der Seele liegt eine Ebene tiefer. Hier verschmilzt das Bild mit dem Spiegelbild. Der Ansatzpunkt der Reflexion ist relativiert, ja aufgehoben.

Der Tango als Tanz der Seelen

In diesen Bereich begeben wir uns, wenn wir Tango tanzen. Das hat gravierende Konsequenzen:

Die Zeit ist die Zeit, welche die Musik uns gibt. Sie ist definiert durch den Takt und den Rhythmus. Sie ist nicht mehr chronologisch messbar, sondern sie ist gelebte, individuelle Zeit. Sie ist immer anders. Sie ist jenseits der Zeit, in der es ein Vorher und Nachher gibt. Wir steigen hier aus der gewöhnlichen Zeit definitiv aus.

Der Tangotänzer ist nicht mehr „Person". Eine „Person" ist ein Bedeutungsträger von sozialer, hierarchischer, etc... Position. Durch diesen Bedeutungsträger tönt etwas hindurch (per-sonare), nämlich das hinter der Person verborgene eigentliche Wesen. Im Tango entkleidet sich der Tänzer dieser äußeren Haut der gesellschaftlichen Bedeutung. Er ist nackt, bar jeder gesellschaftlichen Rolle. Selbst wenn diese Rolle zu Anfang des Tanzes, bei der Aufforderung noch gespielt werden kann, - beim Tanz fallen alle diese Bedeutungen sofort weg. Auch für die Zuschauer ist dies sichtbar, auch wenn mit gut studierter Technik viel geblufft werden kann und wird.

Diese Reduzierung der Person betrifft nicht nur den sozialen Status, sondern ebenso das Aussehen: Auch ein gutes Aussehen im modischen Sinn kann hier nicht über den Zustand der inneren, vitalen Energie hinwegtäuschen. Zwar ist das äußere Erscheinen ein Spiegel der inneren Befindlichkeit, doch wird gerade beim Tango ein Bluff hier am ehesten sichtbar.

Überhaupt ist der Punkt, an welchem das äußere Erscheinen der Ausdruck des inneren Seins ist, der springende Punkt beim Tango.

19

Das Wesen des Tangos

Was geschieht nun also beim Tango, was ist so anders als bei allen anderen Tänzen?

Bei allen anderen (Gesellschafts- oder Standard-) Tänzen sehen wir im wesentlichen zwei Typen: bei dem ersten handelt es sich um ursprüngliche Rituale, welche in der Adaptierung einer Gesellschafts- oder Machtstruktur profaniert wurden. Der zweite Typus ist noch künstlicher: Es sind die modisch konstruierten Tänze wie Twist, etc., bei denen vom ursprünglichen Ritualtanz praktisch keine Spur mehr sichtbar ist.

Diese Merkmale sind, mehr oder weniger auch für den Tango gültig. Der Unterschied liegt in der gesellschaftlichen Bedeutung: bei den Standardtänzen steht die Darstellung der Tänzer und der Ausdruck ihrer (sozialen) Rolle im Rahmen der jeweiligen Gesellschaft im Vordergrund. Dies hat zu tun mit Anerkennung, Prestige, Machtdemonstration, auch wenn der Anlaß für den Einzelnen erotische Werbung sein mag. Die Bildung von Paaren, das heißt, geregelter sexueller Verhältnisse als Grundlage der gesellschaftlichen Ordnung ist das vorrangige Ziel bei den heutigen Standardtänzen. Sie dienen der Aufrechterhaltung der jeweils herrschenden Hierarchie- und Machtstrukturen. Ganz anders ist dies beim Tango. Er ist im Gegensatz zu den Standardtänzen grundsätzlich anarchisch, das heißt, nicht auf Herrschaftsinteressen irgendwelcher Art gerichtet. Zwar gibt es auch hier Regeln für das Auffordern und die Partnerwahl etc., doch sind die Wahlmöglichkeiten hier freier: grundsätzlich tanzt jeder mit jedem. Und das Auswahlkriterium ist hier nicht so sehr persönliche Sympathie, sondern eher die tänzerische Potenz. Das Ziel des Tangotanzes liegt, mit Ausnahme des Bühnentangos, nicht so sehr im Außen, in der Darstellung. Vielmehr ist sein eigentliches Ziel das Leben in der Innenwelt, und zwar, - das ist wichtig -, zu zweit. Es handelt sich nicht um die Darstellung einer in die lineare Zeit hinein verlängerbaren Beziehung, sondern um eine Versenkung in die unbewussten Schichten des Seins, in einer Zeit, welche äußerlich als Gegenwart erscheint. Für den oder die Tänzer weitet sich jedoch dieser in Wirklichkeit unfaßbare Augenblick zu einem Sein, welches alle Zeit umfaßt oder beinhaltet.

Die Bedeutung der Technik im Tango

Wenn wir also davon ausgehen, daß der Tango in erster Linie ein Tanz der Seelen ist, oder sich auf der seelischen Ebene abspielt, so könnte man meinen, daß das Äußere, die Form, die Technik, eine untergeordnete Rolle spielen. Dies ist nicht der Fall. Vielmehr ist gerade die sichere und selbstverständliche Beherrschung der technischen Abläufe und Formen, „wie im Traum", die Voraussetzung für einen stark und lebendig getanzten Tango.

Die Technik des Tangos erfordert eine lange und ständige Übung. Wenn man einmal die grundlegenden Schritte, Bewegungen, Abläufe gelernt hat, wofür man zunächst einmal ein halbes bis ganzes Jahr Zeit braucht, beginnt erst die eigentliche Auseinandersetzung mit dem Tango. Diese dauert Jahre – ja, den Rest des Lebens. Es zeigt sich, daß nur die ständige Übung, eine andauernde Praxis ohne längere Unterbrechung, allmählich dazu führt, daß wir verstehen, was Tango ist, was beim Tango geschieht, und daß wir dies selbst entstehen lassen müssen. Es gibt keine Abkürzungen, keine Gewalttouren, alle Umwege müssen mühsam und ausführlich gegangen werden. Jeder muß seinen eigenen Umweg finden und gehen. Ein Lehrer oder Trainer kann sogenannte Fehler sehen, uns darauf hinweisen, Hilfsmittel zeigen. Die Erfahrung des Einzelnen (mit seiner Seele) in seinem Körper muß jeder für sich machen. Deshalb heißt es auch: „nicht der Kopf, sondern der Körper muß den Tanz lernen". Dabei gibt es Zeiten des schnellen Fortschritts, aber auch Stockungen, Entmutigungen, einschließlich der Versuchung aufzugeben. Doch gerade dann zeigt sich, daß uns der Tango etwas bietet, was wir sonst nirgends so finden können.

Der wahre Tango ist Buddha.

Wenn wir nach Vergleichbarem suchen, so finden wir am ehesten in den Zen – Künsten und Schulen eine ähnliche Schulung in Theorie und Praxis wie beim Tango. Wenn man das Buch von Eugen Herriegel „Zen in der Kunst des Bogenschießens"[2] liest, so sieht man, wie dort nur die jahrelange, ununterbrochene Übung auch der scheinbar einfachsten Bewegung erst allmähliches Verstehen zeitigt und Einsicht gewährt. Erst nach langem praktischem Üben wird es dem Bogenschützen klar, daß das Ziel nicht außen liegt, sondern innen, in ihm selbst. Dabei handelt es sich nicht um ein intellektuelles Verstehen mit dem Verstand, dem Kopf. Das Verständnis erscheint auf einer tieferen, umfassenderen Ebene. Es ist dies die Ebene der direkten, fraglosen Erfahrung, welche den ganzen Menschen erfaßt. Diese Erfahrung trifft und durchdringt Körper, Seele und Geist gleichermaßen. Sie lässt keinen Zweifel, keine intellektuelle Spekulation zu. Diese Erfahrung ist wie der Ziegelstein, der einem auf den Kopf fällt. Es ist eine fraglose Erfahrung ohne wenn und aber, hier gibt es kein vielleicht oder vielleicht auch nicht. Es ist ganz einfach, und doch unendlich schwer, die Erfahrung dessen, was in der Zen- Literatur die „Soheit der Dinge" genannt wird.

Die Übung und ihre Technik im Zen kann in gewissem Sinne auch als Meditation bezeichnet werden. Und wenn wir die Übung des Tangos betrachten, so ist diese den Zen – Übungen sehr ähnlich oder verwandt. Der Unterschied liegt in folgenden Punkten:

1. Der Tango entsteht erst aus dem Miteinander von Mann und Frau: er ist wesentlich eine Meditation zu zweit. Erst im Wechselspiel der polaren Kräfte des Männlichen und Weiblichen (Yang und Yin) verwirklicht sich der Tango.
2. Das Ziel oder Zentrum des Tangos ist die Verschmelzung im Medium der Musik. Wie der Fisch nur im Wasser schwimmen kann, kann der Tango nur in der Musik getanzt werden. Dabei verwirklicht die Musik das Dasein auf der höheren Ebene oder Dimension der Zeit- und, wenn man so will, auch der Raumlosigkeit.

Wenn wir also den Tango als Meditation zu zweit verstehen, wird klar, daß auch hier die Technik nicht mehr Thema oder Inhalt des Tanzes ist. Die Technik ist zwar die unabdingbare Voraussetzung für den Tanz, doch muß sie so verinnerlicht sein, wie beim Bogenschießen der japanischen Samurai, dem Kiu-do z.B. das Anlegen des Pfeils, daß sie, die Technik, im Denken nicht mehr erscheint. Ja, das Denken an sich muß aufgehört haben. Noch genauer, der Geist darf das Denken nicht festhalten, er muss es losgelassen haben, so daß es wirken kann, wo es gebraucht wird.

Sehr schön beschreibt dies Meister Takuan[3] in seiner „Aufzeichnung von der bewegungslosen Weisheit" am Beispiel der Katze: „Wird mein Geist wie eine angebundene Katze behandelt, so ist er nicht frei und wird vermutlich nicht so wirken können, wie er soll. Wenn die Katze gut erzogen ist, löst man die Leine und lässt sie gehen, wohin sie will. Dann mag ein Sperling ganz in ihrer Nähe sein, sie wird ihn nicht fangen. In diesem Sinne ist auch der Ausdruck „den Geist erwecken, ohne ihm einen Ort des Verweilens zu bieten" gemeint. ... Meinen Geist loslassen, ihn sich selbst überlassen, wie die Katze, so daß er gehen kann, wohin er will – das ist der rechte Gebrauch des Geistes, solange ich ihn nirgends verweilen lasse."

Und zum Tanz schreibt er: „Wenn Ihr tanzt, hält die Hand den Fächer, und der Fuß macht einen Schritt. Wenn Ihr dabei nicht alles vergesst, wenn Ihr Euch in Gedanken zurecht legt, wie Ihr die Hände und Füße zu bewegen und richtig zu tanzen habt, kann man Euch nicht als guten Tänzer bezeichnen. Wenn der Geist in den Händen und Füßen verweilt, wird nichts, was Ihr tut, wirklich gut sein. Wenn Ihr vom Geist nicht vollkommen absehen könnt, gerät Euch alles nur einigermaßen."

Wenn wir den Tango als Meditation zu zweit sehen, müssen wir nochmals fragen, was wir unter Seele oder seelischem Sein hier verstehen wollen: Das seelische Sein ist das unterbewußte, auch unbewußte Sein des Menschen. Es hängt nicht so sehr am geistigen Sein der Gedanken und Begriffe, sondern kommt vielmehr am existentiellen Sein des Körpers zum Ausdruck, ja, es ist mit diesem in gewissem Sinne identisch. Das Geistige, Vernünftige, der Verstand, ist dem gegenüber die Seinsphäre, welche Dinge und Vorgänge begrifflich, intellektuell, fasst und handhabbar macht. Der Verstand als Funktion der Seele ist nicht imstande, diese zu er- oder zu umfassen. Das ist das äußerste, was wir hierzu sagen können.

Die Seele ist der Bereich, in dem der Mensch unter das Schema der individuellen Persönlichkeit hinabtauchen kann (oder muss). Die im geistig - intellektuellen Bereich definierte gesellschaftliche Person oder Persönlichkeit verliert hier ihre Konturen. Dies ist deshalb auch die Ebene, auf welcher Telepathie, Träume, Hellsichtigkeit, etc... sich ereignen. Es ist der Bereich der eigentlichen Verbindung des Menschen zum Urgrund des Seins, das, was ursprünglich mit dem Wort "religio" bezeichnet wurde.

Daß dies im christlichen Sinne „heilig" ist und eines besonderen Schutzes oder einer Abgrenzung bedarf, verrät nur die hinter diesen Maßnahmen stehenden Interessen und Machtprivilegien. Der Zugang zu diesem Bereich steht naturgemäß jedem Menschen offen und einen Priester, welcher diesen Zugang allein ermöglichen kann, braucht man nur, wenn der Priester zuvor eine Mauer um das Heiligtum gebaut hat. Dies ist auch gemeint mit dem Ausspruch eines Zenweisen, der auf die Frage nach dem höchsten Sinn der heiligen Wahrheit nur geantwortet hat: „Nichts von heilig."[4]

Dies gilt auch für den Tango: Im Tango wird der Eintritt in diesen Bereich des Seelischen möglich. Dabei wird dieser Bereich zur sinnlich wahrnehmbaren Ebene durch die Musik. Das heißt, die Musik ist der eigentliche Ort des Geschehens. Nun findet Musik immer an einem Ort und zu einer Zeit statt. Doch gilt dies nur bedingt. Das besondere an der Musik ist, daß sie zugleich auch über den jeweiligen Ort und die chronologische Zeit hinausweist.

Nur die Musik in der jeweiligen Gegenwart kann der Ort sein, an welchem die Begegnung der Seelen ohne Ablenkung durch andere, äußere Interessen möglich ist. Deshalb auch ist diese Begegnung immer einmalig, nicht wiederholbar. Deshalb ist sie immer neu, immer anders, überraschend, nicht reflektierend auf Vergangenes noch zielend auf ein Zukünftiges. Es ist das Erleben, das Erwirken der Freiheit von den Schranken des Raumes und der Zeit. Nur in der Vereinigung von Mann und Frau[5] kann sie im Tango Wirklichkeit werden. Dies ist der Grund für die Sucht, von welcher alle Tangotänzer befallen sind. Das ist der Grund, warum die Musik z. B. eines Mozart als „himmlisch oder göttlich" bezeichnet wird oder der Schamane eine Trommel benützt, um in die sonst nicht zugänglichen Bereiche der Seele, des Jenseits zu gelangen.

Die Musik des Tangos

Die Grundlage, das eigentliche Moment, das Medium des Tangos bildet die Musik. Somit ist von vornherein der seinsmäßige Bereich des Seelischen als eigentlicher Bereich abgesteckt. Zwar gibt es kaum eine Musik, zu der man Tango nicht tanzen könnte, doch gerade die Betonung der seelischen Emotion ist es, welche die Tangomusik, gleich ob im Dreier- oder Vierer Taktmaß, immer auszeichnet. Dabei schreitet die Amplitude der Stimmungen den ganzen Bereich seelischen Erlebens aus: Sie reicht von der Trauer um die Vergänglichkeit der Erscheinungen, der „Nostalgia" über die geistreiche, bis ins Komische reichende Betrachtung der Welt, der Menschen und ihrer Beziehungen, bis hin zur fraglosen Äußerung purer Lebensfreude in vielen Milongas. Und auch die Texte der Lieder umspannen die ganze Reichweite von der sensibelsten Poesie über philosophische Betrachtungen bis hin zum simplen, banal - plakativen Schlagertext.
So entsteht eine innere, imaginäre Welt, die man als für das seelische Erleben umfassend und ganz bezeichnen kann. Dabei erscheint mir bemerkenswert, daß sich das Gefühl für den Tango wie von selbst den harten Rhythmen etwa des Hardrock, der Metal- oder Techno-strömungen entzieht. Und obwohl es nicht an Versuchen fehlt, den Tango für diese Richtungen zu vereinnahmen und so sein eigentliches Anliegen des seelischen Empfindens zu pervertieren, wird meiner Meinung nach sofort sichtbar, daß hier das Wesen und die eigentliche Qualität des Tangos verloren geht. Nicht alles, wo „Tango" d'rauf steht, ist Tango.

Dabei ist es nicht so, daß die Musik des Tangos keine Härte, nicht das brachiale, männliche Element zeigen würde. Nur steht dieses immer in einem ausgewogenen Verhältnis zu den weichen, weiblichen Elementen. Denn nur dadurch wird die Ganzheit, das Umfassende des Tangos gewahrt. Und dies ist es, was die Herzen der Menschen berückt. Die Harmonie, die aus dem Zusammenspiel der gegensätzlichen Elemente entsteht. Diese Ausgeglichenheit kommt auch in der Instrumentierung zum Ausdruck: Die tragende, harmonische Struktur wird von apollinischen (meist Saiten-) Instrumenten gebildet, während die dionysische Melodie, welche das Gefühl und die Leidenschaft ausdrückt, von vielfach großen Stimmen gesungen, aber auch instrumental von notwendig starken Bläsern gespielt wird. Das Bandoneon, welches beiden Forderungen gerecht werden kann, hat sich dabei zum charakteristischsten Instrument des Tangos entwickelt.

Mann und Frau: Begegnung und Vereinigung

Und auch die Tangotänzer gelangen im Medium der Musik in diese Bereiche. Daß dies nur zu zweit möglich ist, und zwar im Zusammenspiel von Mann und Frau hat einen Grund: Erst in ihrem Zusammenwirken oder in ihrer Vereinigung bilden die beiden Pole des Männlichen und des Weiblichen eine Einheit, den Menschen. Dies ist in dem Bild des Sokrates von den beiden Hälften des Menschen ebenso dargestellt, wie in der östlichen Symbolik von Yin und Yang. Erst die wechselweise Ergänzung des Gebenden im Nehmenden ermöglicht durch den Kontrast in der Einheit eine Stellungnahme im Medium, welches die Musik bildet. Das klingt sehr abstrakt, doch in der Praxis wird sofort klar, was gemeint ist:
Ich möchte hier nicht von der „Rolle" von Mann und Frau sprechen, weil eine Rolle schon etwas Ausgedachtes, Aufgesetztes, wesentlich Intellektuelles und mithin Einseitiges ist, welches dem einseitigen Denken des abendländischen Geistes entspringt. Deshalb ist das Denken in Rollen auch nicht geeignet, ein Verständnis der Vorgänge

beim Tango zu erlangen.

Der Zauber oder das Wunder des Tangos entsteht erst aus dem Erleben von Ganzheitlichkeit, Einheit, welche das Zusammenspiel der polaren Kräfte von Mann und Frau bewirkt. Erst in dieser Vereinigung ist es dem Paar möglich, in den Zauberkreis des Außerirdischen im Kraftfeld der Musik zu treten. Das Wunder oder für den Verstandesmenschen Unverständliche dabei ist, daß dies in der körperlichen Vereinigung des Tanzes geschieht, dabei aber gerade der körperliche Bereich verlassen oder besser, überschritten wird. Deshalb wird der Tango, wenn er wirklich ist, auf der seelischen Ebene getanzt, oder genauer, er tanzt sich.

Dies heißt nun nicht, daß alle Paare, welche sich mit Tangoschritten bewegen, bereits Tango tanzen, oder sich in diesem Bereich des Außerirdischen befinden. Zum Einen ist hierfür eine Technik, welche jegliches Denken überflüssig macht, eine Grundvoraussetzung, zum anderen ist es vor allem die Kraft, Intensität und Eindeutigkeit, mit welcher die männliche, beziehungsweise die weibliche Energie zur Wirkung kommt. Je stärker beide sind und im Einklang mit sich und der Musik sind, um so erfüllender und erfüllter ist der Tango, den sie tanzen. Dies ist der Grund, warum der Mann männlich sein muß und führt, und die Frau weiblich, und sich führen lässt. Und wenn hier jemand vom „präpotenten Machtanspruch des Mannes" und der „Unterdrückung der geknechteten Frau" spricht, so hat er offensichtlich nicht begriffen, welches die Grundlagen des Lebens sind. Natürlich legt das Machogehabe der sogenannten Compadres und das Tussigetuschel der aufgereihten Frauen (beides klischeehafte Bilder) solche Schlüsse nahe, - allein, die Macht des Tangos über die Menschen ist dadurch nicht zu erklären.

Die hingebende, aufnehmende Haltung der Frau und die fordernde, führende des Mannes sind die Voraussetzung dafür, daß eine Vereinigung der Gegensätze möglich wird. Daneben sind aber auch praktische Gründe ausschlaggebend für die Polarität der Partner:

Bei den Standardtänzen gibt es festgelegte Figuren und Sequenzen, welche beide Partner gelernt haben. Diese stellen die Basis dar, auf welcher diese Tänze funktionieren. Beim Tango ist dies ganz anders: Wohl gibt es fixe Grundelemente, wie den Schritt, die Drehung, das Kreuzen, ... doch bilden diese nur das Rohmaterial, aus welchem der Tanz entsteht.

Die Lebendigkeit des Tangos beruht auf der freien Kombination dieser Grundelemente, die wesentlich aus natürlichen Bewegungen der Glieder und des Körpers bestehen. Erst durch diese Freiheit der Kombinationsmöglichkeiten entsteht die völlig freie Improvisation. Dadurch wird es möglich, ganz eng an der Musik zu tanzen, ja, - im Idealfall mit dieser zu verschmelzen. Man macht nicht etwas zu einer Musik, - man wird selbst Musik und zwar erst im Zusammenspiel zweier Körper.

Tango und Eros

Der Aussage, daß Tango erotisch sei, wird kaum jemand widersprechen. Doch was ist Erotik? Was ist der Eros? In welchem Bezug steht er zur Liebe? Und was ist Liebe? Hat der Tango mit Liebe zu tun? – Fragen, über welche tausend Bücher geschrieben wurden seit Jahrtausenden. – Keine Antwort, die erschöpfend wäre, - keine absolut wahr. Trotzdem oder gerade deshalb will ich mich, da er für das Verständnis des Tangos zentral ist, auf diesen unerschöpflichen Themenkreis (freilich ohne Systematik) einlassen. Vielleicht können wir so beginnen:

Eros ist die Begierde, der Reiz, die Verlockung des Unbekannten, Anderen. Er ist die Sehnsucht nach dem Unerreichbaren, Unfassbaren. Für den Geist ist er die Sehnsucht des Geistes nach dem, was ihm naturgemäß nicht zugänglich, nicht begreifbar ist. Das, was dem Geist nicht begreifbar ist, ist dies deshalb, weil es sich auf einer anderen Ebene, der Ebene des Seelischen, aber auch des Schicksals befindet. Das Seelische übergreift die Bereiche des Diesseitigen und des Jenseitigen. Beide zusammen bilden die Bühne des Schicksals. Die Funktionsweisen des Geistes beruhen im wesentlichen auf dem Ver-

stand, und der diesem zugeordneten Logik. Für den Geist ist nur das, was durch die sinnliche Wahrnehmung überprüft und logisch bestätigt werden kann, gültig und wirklich, - wirksam. Der seelische Bereich jedoch beinhaltet auch Dinge und Vorgänge, welche die Grenzen und Möglichkeiten der physischen, mit den Sinnen wahrnehmbaren Welt überschreiten, ja zuweilen deren Grundlagen und Gesetze ins Wanken bringen, aufheben oder gar umkehren.

Ich will diesen Komplex hier nicht weiter verfolgen, - nur dies mag für uns hier noch von Belang sein: daß in praktisch allen menschlichen Kulturen das geistige Funktionsschema wesentlich dem Männlichen, das seelische hingegen dem Weiblichen zugeordnet wird. Die Frage, ob dieser Unterschied soziologisch oder biologisch bedingt ist, will ich ebenfalls hier nicht weiter verfolgen, obwohl mir das Letztere als wahrscheinlicher erscheint.

Zurück zum Eros: Der Eros ist die Anziehungskraft der Gegensätze. Der Physiker spricht hier vom Magnetismus der Pole und dem Ladungsausgleich zwischen Proton und Elektron in molekularen Strukturen. Entscheidend ist, daß der Eros kein statisches, sondern ein dynamisches Element darstellt. Nur so lange die Energie potentiell, das heißt beweglich und somit wirksam bleibt, ist sie im erotischen Sinne vorhanden. Kommt diese potentielle Energie beider Pole z.B. in einer Vereinigung, bei welcher ein Ladungsausgleich erfolgt, zum Stillstand, so ist sie nicht mehr vorhanden.

Diese potentielle Energie des Eros ist die eigentliche Energie des Tangos. Deshalb ist auch eine Pause kein Abwarten bis wieder etwas geschieht, sondern ein Aufstauen der Energie wie hinter einem Staudamm.

Die Liebe nun ist die Vereinigung der Gegensätze, die Erfüllung. Doch wenn die Gegensätze vereinigt sind, ist naturgemäß und notwendig auch die potentielle Energie der polaren Spannung aufgelöst. Die Liebe stellt also das Ziel des Tangos dar, doch kann es oder darf es im Tango nicht erreicht werden. Denn, wird es erreicht, so ist die grundlegende potentielle Energie des Tangos notwendig aufgelöst, neutralisiert, nicht mehr vorhanden.

Dies mag auch der Grund sein, warum der Tango nicht so sehr ein Tanz ist für Ehepaare, sondern eher für Leute, die Paare werden wollen. Für Paare liegt der Reiz des Tangos oft gerade in der Möglichkeit, den Partner zu wechseln, ohne gegen die Regeln zu verstoßen. Denn schließlich sind es die speziellen Regeln und Verhaltensmuster beim Tango, die dafür sorgen, daß tatsächliche Paarbildungen eher als Ausnahmen vorkommen. Das Ritual beim Auffordern, sowie die Abfolge und Begrenzung einer Tanzrunde auf vier Tänze wären hier zu nennen. Und vielleicht kann man sagen, daß in Wahrheit die eingefleischten Tangotänzer das Suchen mehr lieben als das Finden. Doch finden viele auch schon im Sich – Verlieren in Musik, Zeit, Raum ein meditatives Glück, das so entstehen kann.

Das Entscheidende beim Tango ist die Aufrechterhaltung der Spannung zwischen den Gegensätzen von Mann und Frau. Es ist dies ein Lebensprinzip, welches das Leben und die Triebkräfte des Lebens immer in Gang hält. Der Tango ist somit eine Kunstform, man könnte auch sagen, ein Ritual, welches die unendlichen Verjüngungskräfte der Natur beschwört. Die unauflösbare Verbindung der Verjüngung des Lebens, der Wiedergeburt mit dem Tod, ist ein weiterer wesentlicher Gesichtspunkt, welcher den Tango charakterisiert. Auf diesen Aspekt wollen wir noch zu sprechen kommen.

Zusammenfassend können wir sagen, daß ohne diesen Eros, welcher die Vereinigung sucht, aber nie erreicht, Tango nicht sein kann. Dies erscheint zunächst paradox, schwer zu begreifen. Doch, wer wirklich Tango tanzt, weiß dies, ohne nur ein Wort darüber zu verlieren.

Wie kann nun dieser Eros sich in den Tänzern – Mann und Frau – verwirklichen?

Wenn wir die Frage nach dem Verhältnis zwischen Mann und Frau (im Tango) nicht soziologisch – politologisch betrachten, was, aus der mythischen Sicht, welcher auch der Eros angehört, thematisch ohnehin sinnlos ist, so ersparen wir uns viele unnötige Umwege im Denken. Denn Mars ist Mars und Venus Venus, auch wenn sich Mars einmal in Frauenkleidern gefällt und Venus sich ein andermal von ihm Bogen und Harnisch ausborgt. Denn schließlich zeigt dieses Spiel nur die

Universalität der archaisch – astrologischen, symbolischen Prinzipien. Es geht hier nicht um zufällige Befindlichkeiten einzelner Individuen, sondern um die grundlegenden Prinzipien, Strukturen, Eigenschaften des Männlichen, des Weiblichen. Erst in ihrem Zusammenspiel erwirken sie sich die Fruchtbarkeit, das Leben und mithin auch den Tod als Voraussetzung für neues Leben. Hier ist Symbol und Ritual nicht etwas, das sich edle Geister wissenschaftlich schön ausdenken. Vielmehr ist es die wirksame Magie des sogenannten Primitiven, welche sich beim Tango wie von selbst in den Tänzern offenbart.

Mann und Frau – Führung und Hingabe

Es herrscht wohl weitgehend die Meinung, daß beim Tango der Mann als Macho die Führung hat, welcher die Frau folgt. Rein äußerlich gesehen ist dies auf den ersten Blick sicher richtig, doch möchte ich dieses Verhältnis etwas tiefergehend betrachten, wobei die Situation dann nicht mehr so einfach und eindeutig ist.

Das Weibliche ist, wenn wir so es sehen, die Kraft, die zieht, der Sog, dem sich der Mann ergibt, in dem er (scheinbar) führt. Doch ist die Führung, wenn als Instrument der Vernunft betrachtet, nur willenloser Untertan der stärkeren Führung weiblich – seelischer Emotion, die näher bei der Musik sich befindet als bei den Regeln eines Tanzmeisters. Daß also die Führung im Tango beim Mann liegt, gilt allenfalls für den Ablauf und die äußere Form des Tangos. Im Grunde ist allein das Wort „Führung" schon irreführend, weil es als Wortbegriff dem herrschaftsbetonten, hierarchisch, rational bestimmten Denk- und Weltmodell entspringt. Der Tango ist hingegen in seinem innersten Wesen anarchisch, das heißt, nicht auf Herrschaft gerichtet, auch wenn der äußere Schein zunächst dagegen spricht. Wir bleiben trotzdem dabei, von der „Führung durch den Mann" zusprechen, auch wenn diese höchst ambivalent ist. Dies wird sofort sichtbar, wenn wir die Grundlagen, Komponenten oder Voraussetzungen dieser Führung betrachten.

Zunächst folgt die Führung der Musik, ist somit abhängig von der Musikalität, Spontaneität, Flexibilität, ... des Führers. Zum andern muß der Mann erkennen, welcher Art die Befindlichkeit, Empfindsamkeit, das seelische und technisch – körperliche Vermögen und Verlangen der Frau, mit der er tanzt, gerade ist. Dies alles in einem Augenblick zu erkennen und umzusetzen ist mit den Mitteln des analysierenden Verstandes so gut wie nicht möglich. Wir sehen schon, daß es nicht so ist, daß sich der Mann da etwas ausdenkt, dem die Frau dann folgen muß, so gut sie eben kann.

Zwar liegt die Verantwortung der Transponierung, Umwandlung des musikalischen Geschehens in ein äußeres, den Tanz, zunächst beim Mann. Doch kann er diese Verantwortung nur tragen, wenn ihn die Frau dabei aus ihrem Innersten heraus unterstützt. Sie muß das geben, was der Mann verlangt, doch schon bevor er es verlangt. Dies ist das Wunder innerer Verbindung, welche als Vereinigung in der Musik in einem Augenblick so nur im Tango möglich ist. Denn nur wenn dies spontan im gleichen Augenblick geschieht, geschieht der Tango. Dies ist Erfüllung, dies das Glück des Tangos. Dazu ist vor allem nötig: Hingabe. Es muß der Mann sich hingeben an das Wesen der Frau, wie ihrerseits die Frau an das des Mannes. Und beides wird gestimmt von der Musik, die deshalb auch das unverzichtbare Medium des Tangos ist.

Dies klingt alles etwas allgemein, philosophisch, theoretisch, abstrakt. Darum möchte ich versuchen, doch noch etwas konkreter zu werden: Wenn z. B. ein „Ocho" geschieht, so ist es nicht so, daß der Mann eine Drehbewegung mit der Schulter anzeigt und die Frau folgt dann erst mit ihrer Drehung. Nein: die Bewegung von Mann und Frau erfolgt spontan und simultan. So wie sich in einem Getriebe nicht ein Zahnrad alleine drehen kann, weil alle Zahnräder ohne Spiel miteinander verbunden sind, so ist beim Tango die Verbindung von Mann und Frau ohne Spiel, ohne Zwischenraum. Hier ist auch noch einmal der Zenmeister Takuan zu zitieren, der diesen Vorgang oder Zusammenhang am Beispiel der Schwertkunst beschreibt: „Zwischenraum – das ist, wenn zwei Dinge so aneinander grenzen, daß nicht einmal die Dicke eines Haares zwischen ihnen Platz findet. Wenn Ihr in die Hände klatscht und zugleich einen Schrei ausstoßt, so läßt der Raum zwischen Klatschen und Schrei kein Eindringen von Haaresbreite zu. Ihr klatscht nicht in die Hände und denkt dabei an einen Schrei und stoßt ihn dann aus – da würde es einen Zwischenraum geben. Ihr klatscht und schreit im selben Augenblick. ... Wie ein Ball auf geschwind strömendem Wasser – nichts achten wir mehr als den Geist, der so dahinströmt und nirgends auch nur für einen Augenblick verweilt."[6]

Und ebenso wie die Bewegung von Mann und Frau ohne Zwischenraum, simultan geschieht, so ist auch der Impuls, den die Musik darstellt und der getanzte Tanz ohne Zwischenraum, spontan, simultan. Dazu ist es nötig, daß jegliche Absicht, Vorsatz, konsequentes Denken ausgeschaltet bleiben. Damit dies geschehen kann, ist die Beherrschung der Technik so grundlegend für den Tango. Nur wenn die richtigen Bewegungen ohne Absicht, ohne Denken (ausgeführt wäre schon das falsche Wort,) geschehen können, geschieht Tango. Sehr klar kann man dies auch beim Tango – Show – Tanz sehen: Hier zeigt es sich, ob ein Paar lediglich möglichst viele frappant – komplizierte Figuren vorführt oder ob durch ein Meisterpaar hindurch Tango geschieht. Ich habe dies bisher nur einmal erlebt. Ich meine Chicho Mariano Frumboli mit seiner Partnerin Juana Sepulveda.

De amore

Wenn wir von der Liebe sprechen, ist dies immer problematisch. Der Grund dafür ist, daß wir meinen, daß wir schon wissen, worüber wir da sprechen und daß sich im Grunde alle Menschen hierüber einig seien. Das heißt, daß es für die Liebe eine Norm gibt, welche für alle Menschen gültig ist. Doch letztlich entspringt diese verhängnisvolle Meinung nur einem Denken, das von der Überheblichkeit christlicher Theologie und Moral geprägt ist. Und diese hat - zweitausend Jahre Geschichte bestätigen das eindrucksvoll, - alle, die sich ihr nicht beugen, d. h. katholisch werden wollten, mit wirtschaftlichen, politischen,

militärischen, ... Maßnahmen katholisch gemacht oder ausgerottet. Wie viele Völker ...? Es ist das Werk derer, die die „Liebe" predigen. Was kann dieses Wort also bedeuten?

Liebe und Herrschaft

Nicht nur der Begriff der Liebe, auch viele andere wie Treue, Ehe, Eifersucht, Schuld, Reue, Vergebung, Mitleid, Sünde, Sühne, Strafe, ... die Liste wäre sehr lang – sind von der zweitausendjährigen Gehirn- wäsche dieser nicht zum geringsten weltlichen Institution geformt, um nicht zu sagen, deformiert worden. Ja, selbst die Sprache und die ihr innewohnende Logik sind zutiefst durch dieses un– und widersinnige Herrschaftsprinzip geformt und korrumpiert. Und gerade in der Tat- sache, daß uns dies nicht einmal mehr bewusst wird, liegt die Tragik dieser menschheitsgeschichtlichen Katastrophe.
Ich möchte hier nicht weiter polemisieren, obwohl es an Grund dazu wahrlich nicht fehlt. Doch zeigt sich schon, daß „von der Liebe reden" in diesem engen Rahmen nicht eigentlich möglich ist. Ich will es trotz- dem versuchen.
Wenn wir von Liebe sprechen, so meinen wir zunächst die Vereini- gung von Mann und Frau, genauer: Männlichem und Weiblichem. Der Kern- und Angelpunkt dieser Vereinigung ist die Zeugung, aus welcher die Geburt, die ewige Verjüngung und Erneuerung des Le- bens hervorgeht.
Schon wieder bin ich irritiert vom Kauderwelsch sophistisch – christli- chen Denkens. Denn wenn ich nun die Art und Weise der Vereinigung und Zeugung weiter betrachten will, so komme ich in dieser Sprache nicht umhin, die analysierende Betrachtungsweise anzuwenden, welche den Menschen gliedert und zerteilt in Seele, Körper, Geist. Doch ist dies ein Modell des Denkens. Und daß das Denken sich in der angemaßten Rolle des Geistes an die hierarchisch konstruierte Spitze seines Modelles stellt, ist selbstverständlich. Doch wenn wir dies Modell unvoreingenommen betrachten, entspricht es in keiner Weise

36

unserer Wirklichkeit des Lebens. (Man ahnt schon etwas deutlicher, wie tief wir im Morast dieses Denkens stecken.) Tatsächlich ist dieses, unser Denken das große Übel, welches uns daran hindert, die Wirklichkeit, das, was ganz einfach und natürlich ist, so wie es ist, zu sehen. Es gibt die Welt, das Leben und das Sein, so wie es ist und es gibt das, was wir darüber denken. Und beides sind zwei grundverschiedene Dinge. Den Diskurs um Subjektivität und Objektivität blenden wir hier aus, weil diese Kategorien sich ausschließlich im Denken vollziehen. Auch wenn die Logik und der scheinbare Erfolg des rationalen Weltbildes uns diesen Sachverhalt aufs überzeugendste verschleiern. Der Geist wirkt intellektuell, da er sich doch im Denken und Verstehen gründet und manifestiert. Der Geist denkt nur das, was er eben denken kann: Er kategorisiert und unterteilt, atomisiert das Sein bis es im Starren, Unveränderlichen ihm fassbar wird.

Zurück zur Liebe, denn an ihr wird sichtbar, daß dies starre, rationale Denken mit seinen engen Regeln die Formen, Wege, Wirksamkeiten des Seins, des Lebens und des Todes nicht erfassen kann. Denn nur zwei Seiten einer Münze sind das Leben und der Tod, - eins immer gegenwärtig in dem anderen. Doch ist es unserer christlich geprägten Sprache versagt, diese Wahrheit verständlich auszudrücken. Dies ist kein Zufall, denn die Angst vor dem Tod, welche nur möglich ist, wenn der Tod das Gegenteil des Lebens ist und dieses ausschließt, - diese Angst ist die stärkste Waffe dieses mörderischen Denk- und Weltsystems, in welchem Macht und Herrschaft des Vaters, der angeblich die Liebe ist, die obersten Prinzipien sind.

Es steht geschrieben[7] : „Stark wie der Tod ist die Liebe". Das "Hohelied" ist wohl das poetischste und erotischste Buch der Bibel. Nun bildete die Zugehörigkeit des Hohenliedes zum Alten Testament von jeher Anstoß zu dogmatischen Streitigkeiten, da es doch offensichtlich heidnischen Ursprungs ist. Es ist daher damit zu rechnen, daß hier ein Kernsatz alter heidnischer Mysterien überliefert ist. Doch lässt die christliche Deutung, in welcher Tod das Gegenteil des Lebens ist, den ursprünglichen Sinn kaum mehr erkennen. Ja, sie pervertiert ihn (nicht ohne Grund!) geradezu ins Nicht-Verständliche, das dann auf komplizierte Weise gedeutet und zurechtgebogen werden muß.

Wir wollen es hier einfach so verstehen: Es ist dieselbe Kraft, die in der Liebe wirkt wie auch im Tod. Der Text des Hohenliedes fährt fort: „die Leidenschaft hart wie die Unterwelt. Ihre Gluten sind Feuergluten, lodernde Blitze..." Dies kann auch heißen, es ist derselbe Ort, derselbe Wirkungsbereich, dasselbe Medium, in welchem wir der Liebe begegnen wie auch dem Tod. Dabei ist dieser „Ort" nicht räumlich, - als an die zweite oder dritte Dimension gebunden - zu verstehen. Es ist der Bereich, an welchem sich die Seelen der Lebenden wie der Verstorbenen aufhalten. Deshalb ist hier auch der Ort, an dem sich die Seelen der Liebenden begegnen: Das Reich des Todes, des Jenseits, der Unterwelt. Dieser Ort ist nicht an Raum und Zeit gebunden und ist deshalb auch nicht mit den Sinnen wahrnehmbar. Zahlreich sind die Berichte von Liebenden wie auch von Menschen, welche den Tod erfahren haben[8] und alle wirklich großen Werke der Literatur legen davon Zeugnis ab.

Worin äußert sich nun diese „Stärke" der Liebe wie des Todes? Vielleicht ist auch dieses Wort bereits zu wertend, zu sehr Deutung. Dies wird klarer, wenn wir sehen, daß in der Liebe wie im Tod dasselbe innere Geschehen vorliegt: Es ist das Entschwinden, das Erlöschen aller äußeren, (sinnlich wahrnehmbaren) Dinge (einschließlich des Denkens, welches an diese gekoppelt ist). Es ist dieselbe Erfahrung, dasselbe Abenteuer, in welches der Mensch kommt, in der Liebe und im Tod. Es ist das Verlassen der diesseitigen Welt, welche ausschließlich durch die Sinne und das Denken wahrgenommen wird. Und es ist das Eintauchen in die jenseitige Welt, in welcher die Gesetze unserer Sinne und unseres Denkens kaum mehr Bedeutung haben. Hier haben die Gesetze von Raum und Zeit, und das heißt, deren lineare Kontinuität, nur noch als marginale Sonderfälle Geltung.

Es mag nun zunächst so scheinen, daß dies eine Einschränkung, eine Verminderung bedeutet, da uns die gewohnten Maße und Normen fehlen. Dafür zeigt sich jedoch, daß eben dadurch der Blick aufs Wesentliche, den Kern der Dinge frei und offen wird. Die Freiheit, Of-

fenheit ist hier geradezu das Grundgesetz. Und daraus folgt, daß, was ich eben „Kern" der Dinge nannte, gleichzeitig auch das Gegenteil von Kern sein kann und ist.

Wir sehen schon, es ist schwer, mit Worten die Eigenarten dieses Bereichs zu beschreiben. Dies deshalb, weil das Wort notwendig etwas Beschreibendes, Begrenzendes, Ausschließendes ist, - dies ist ja auch sein eigentlicher Sinn und Zweck. Doch wird gerade im Bereich des Außer- Übersinnlichen, in den Bereichen von Liebe, Tod (ich füge Traum und Drogen hinzu) das Eingeschränkte, Einschränkende des wörtlichen Begriffs geöffnet, transzendiert (überschritten). Hier fallen, stürzen die entgegengesetzten Pole ineinander und jede Art von Wertung verliert hier ihren Sinn. Das Oben – Unten, Vorher – Nachher kann es in dieser Dimension nicht geben und wenn, dann nur als Sonderfall. Es ist die Liebe wie der Tod das, was den Menschen aus der diesseitigen Existenz hinaushebt, ihn öffnet und befreit von allen Schranken dieser Welt aus Raum und Zeit.

Von der Seele

Wenn nun die Liebe eine Begegnung, ja eine Vereinigung der Seelen ist, so müssen wir uns auch fragen, was denn die Seele ist oder was wir darunter verstehen wollen.

Wenn ich es recht verstanden habe, so ist im christlich – theologischen System die Seele etwas, das dem Menschen von „Gott" „ver- oder geliehen" wird und somit notwendig „gut", ja „heilig". Und nach dem Tode hat der Mensch diese Leihgabe zurückzugeben. Nun ist es in der Regel so, daß im Verlauf des Lebens, der Mensch in seiner Schwäche, Dummheit, Bösartigkeit, (welche natürlich nicht von diesem Gott verliehen werden,) die „heilige" Seele mehr oder weniger beschmutzt. So lädt er Schuld auf sich, die dann zu sühnen ist, usw. ... Ich will mich hier auf dieses offensichtliche Lügengeflecht nicht weiter einlassen, denn meine Zeit ist kostbar.

Neben der römischen Instanz ist es vor allem heute die psychologische

Instanz, die uns erklärt, was die Seele ist: die „zufällige" Aneinander-
reihung von Molekülketten und deren biochemisch bedingte Reak-
tionsweisen, welche bei nicht normgerechtem Interagieren mit verschiedenen Mitteln (natürlich nur unter wissenschaftlich – fachlicher
Aufsicht) korrigiert werden kann. Vielleicht sind beide Seelenbegriffe
hier etwas überspitzt dargestellt, - allein, - es läuft im Prinzip schon
auf das Gesagte hinaus.

Doch will ich hier meine Version versuchen:
Beginnen wir beim Wort: Als Substantiv bezeichnet „Seele" Substan-
tielles, einen Gegenstand, ein Ding, das sich in Raum und Zeit einfü-
gen, messen und behandeln läßt. Doch treffen diese Eigenschaften für
das, was ich als Seele verstehe, mit Sicherheit nicht zu. Im Gegenteil:
die Ungreifbarkeit, Unwägbarkeit bedingt zuallererst das Seelische.
Es ist der Seinsbereich des Menschen, der dem Bewußtsein weitgehend sich entzieht. Es ist die Art und Weise zu empfinden und zu reagieren. Sie ist sich immer ähnlich und immer wieder neu und anders.
Aus dem Seelischen empfinden wir Ruhe, Ausgeglichenheit, Freude,
Schmerz, Melancholie und Aggression. So wirkt das Seelische in unser Dasein in der Welt. Doch ist das Seelische noch mehr als eine
Art und Weise: Die Seele ist auf eigenartige Weise mit dem Materiellen, dem Stofflichen, den Körpern verbunden. Ja, man kann sagen,
der Körper (des Menschen) ist geradezu der (materielle) Ausdruck der
Seele. Und so gesehen ist die Seele eine Komponente des magischen
Wirkungsgeflechtes der Welt, in welchem materielle und immateri-
elle Energien ineinander verwoben sind. So sind die Eigenschaften
der Seele, des Seelischen komplex und miteinander notwendig relativ
verbunden. Wenn sie mehr männlich (yang) ist, so ist sie notwendig
andererseits um soviel weniger weiblich (yin) und umgekehrt. Es
gelten hier die Regeln der Astrologie, die immer aufgehen wie ein
Schachspiel. Und so gesehen bietet der seelische Bereich keine Probleme. Problematisch wird es allerdings, wenn wir moralische Kategorien auf das Seelische projizieren. Sobald ein gesellschaftlich
definiertes Gut und Böse auf das Seelische gelegt werden entsteht ein

Knäuel, das kein Mensch mehr lösen kann. Denn dabei werden wesensmäßig verschiedene Kategorien miteinander verquickt: da gibt es nur noch Miß- und Unverständnis und in der Folge Angst und Terror. Dies ist vielleicht, was uns am schwersten fällt: Zu sehen und zu verstehen, daß die Seele, das Seelische, nicht das Geringste mit moralischen Werten zu tun hat. Keine Spur von gut (oder böse) oder gar „heilig"! Es ist, als wollte man einem Baum vorschreiben, wie seine Äste zu wachsen haben. Und bezeichnender Weise hat das Barock, die große Zeit der Gegenreformation und Aufklärung diese Kunst der Baumerziehung wie auch der militärischen Ordnungen wahrlich auf die Spitze getrieben.

Für die Betrachtung der Liebe, in welcher die Seelen sich begegnen, erscheint mir dies besonders wichtig. Es gibt keine Norm, keine Gleichheit. Es gibt nur die unzähligen Formen und Varianten, die die Natur uns weist. Wir können sie in ihrer Eigenart sehen, verstehen und auf sie eingehen, aber wir können sie nicht der Willkür unseres normativen Denkens unterwerfen. Es gibt vielfältige Arten der Beziehung, von der spannungsgeladenen, aggressiven Gegensätzlichkeit bis zur harmonischen Verschmelzung in Ebenbildlichkeit. Jede will in ihrer Eigenart verstanden und gelebt werden. Wenn wir dies so sehen können, gibt es keine Probleme.

Zur Institution der Ehe

Deshalb ist es auch widersinnig, die Liebe in der diesseitigen Welt festlegen, verankern zu wollen, ja, sie zu fesseln und zu knebeln. Doch ist genau dies, was in der Institution der Ehe geschieht. Und wenn wir fragen, warum, so stellen wir fest, daß hinter dieser Maßnahme dasselbe menschen- und lebensverachtende Prinzip steht, welches auch die Angst vor dem Tod benutzt, um seine Macht über alle Welt auszubreiten und zu befestigen. Doch stellt gerade dies Prinzip der Macht und Herrschaft ein selbsterhaltendes System dar. Und als solches ist es, nach den Gesetzmäßigkeiten der ökologischen Systemtheorie ein

System, dessen notwendiges Ziel und Ende die Selbstzerstörung und der Untergang ist.

Zurück zur Liebe und wie sie in der Ehe oft mißbraucht, man könnte auch sagen, geschändet wird. Man lernt gewöhnlich, mehr oder weniger jung, einander kennen und verliebt sich. Die Vorstellung von Liebe ist unfassbar, unsicher und doch voll Optimismus. Traumbilder, Ideale schweben einem vor von ewiger Liebe, Treue, Glück, auch ideale Kinder und beruflich – wirtschaftlicher Erfolg gehören mit zu diesem hoffnungsvollen Bild. Doch oft zeigt sich dann sehr bald (womöglich schon nach der Geburt des ersten Kindes), daß alles völlig anders ist, als man gehofft hat. Der Grund für die Enttäuschung unserer Hoffnung liegt meist in dem Bild, das wir uns von unserem Partner gemacht haben. Und besonders unser Unverständnis für seine jeweils spezifische Art zu lieben, lässt uns oft verzweifeln. Denn meist erwartet man, daß auch der andere Liebe auf dieselbe Art und Weise zu geben und zu nehmen weiß, wie man dies von sich glaubt, daß man es tut. Und diese Annahme beruht auf dem verhängnisvollen Glauben, daß alle Menschen grundsätzlich gleich, im wesentlichen mit Vernunft begabt, von dieser auch gesteuert sind. Vor allem heute, im Zeitalter der Demokratie treibt dieser Glaube oder Aberglaube die absurdesten Blüten, wie sie dann in der modernen Psychiatrie und Psychotherapie zum Ausdruck kommen: Was nicht gleich ist, wird gleich gemacht. Das nennt man dann gesund, weil in der Norm.

Zurück zur Ehe: Hier folgt nun aus dem ersten Übel der verkannten Ursache, welche die individuelle Eigenart der Partner leugnet und verdrängt, ein lange still ertragnes Leid: Gewöhnlich schafft man sich dann noch mehr Zwänge mit weiteren Kindern, Hausbau, Firmengründung und leidet so oft für den Rest des Lebens, - nur mit dem Trost, daß es den andern auch nicht besser geht. Das heißt, man lädt sich weitere Probleme auf, um über das erste nicht nachdenken zu müssen. Der Pfarrer und heute noch mehr der Psychotherapeut, die helfen kräftig mit. Da werden die Symptome dann in jede Richtung – hin oder her – behandelt. Nur der Kernpunkt des Problems wird, bewußt oder unbewußt, - das bleibt sich gleich, - mit allen Mitteln tabuisiert und aufs Geschickteste umgangen. Der Kernpunkt aber, der so geflissentlich umgangen wird, ist folgender:

Im Interesse der wirkenden Herrschaftsmächte wird den Menschen weisgemacht, sie seien alle gleich. So liefern die institutionalisierten Wissenschaften den Beweis: der Mensch besteht aus den und jenen Molekülen, und ein statistisch nach Belieben und Bedarf errechenbares Durchschnittsmaß bestimmt die Norm. Wer davon abweicht, der ist krank und wird mit sogenannten wissenschaftlichen Methoden auf das gewünschte Normmaß korrigiert. Und wer es wagt, hier Zweifel anzumelden, der kommt zwar heute nicht mehr auf den Scheiterhaufen, doch haben die herrschenden Systeme durch gesellschaftliche Ächtung von publizistischer Zensur und Ausschluß über das Irrenhaus (heute „Heilanstalt") bis zum Gefängnis (für Unbelehrbare) heute „humanere" Mittel, welche indes genauso wirksam sind.

Doch bleiben wir beim Thema: Das, was in Frage steht, ist die Person, das Individuum, die Persönlichkeit und wie vom Menschen sie gedeutet wird. Und wenn wir nicht von der Logik des herrschenden Systems her denken, sondern versuchen, das zu sehen, was ist, so zeigt sich klar und eindeutig: nicht Gleichheit ist das, was allen Menschen gemein ist, sondern ihre Verschiedenheit, Einmaligkeit, Besonderheit. Natürlich hat das herrschende System daran kein großes Interesse, denn je gleicher die Menschen sind, umso leichter und mit umso weniger Aufwand sind sie zu beherrschen. Deshalb auch werden alle, welche die Gleichheit in Frage stellen, wenn möglich selektiert und unwirksam gemacht. Wo dies nicht angeht wie bei Berühmtheiten, wie Goethe, Nietzsche, Mozart, Beethoven, ... werden diese zum „Genie" erklärt, welches dem Normalmaß zwar entrückt, doch dadurch eben abnormal, eigentlich „krank", nicht als verbindlich gelten kann. Außerdem wird dadurch der „Normal"- Mensch gerechtfertigt in seiner Stumpfheit und Trägheit.

Doch nochmal zur Person: Es gibt Modelle in der Menschheitsgeschichte, welche dem Wesen des Menschen und der Natur weit eher gerecht werden als das heute in der sogenannten zivilisierten Menschheit westlicher Prägung gültige. Ich überspringe die vielen Naturvölker, die von der Christenheit entweder ausgerottet oder in den geistigen, seelischen oder materiellen Ruin getrieben worden sind. Das wäre ein eigenes Kapitel von erheblichem Umfang. Stattdessen will ich sprechen von dem Welt–, Menschen- und Götterbild der griechischen Antike, welches wir heute noch im astrologischen Modell und Weltbild finden:

Das astrologische Modell

Das astrologische Modell beruht grundsätzlich auf einem analogen Denken, wie wir es von den Naturvölkern noch, in Spuren kennen. Es ist mit den Gesetzen des rationalen, naturwissenschaftlichen, logischen Denkens des Abendlandes nur teilweise, und auch da nicht in seinem eigentlichen Wesen und seinen Konsequenzen erfassbar. Trotzdem oder gerade deshalb ist es ein Modell, welches in seiner Ganzheitlichkeit und Universalität bei der Beschreibung des Menschen, aber auch der Welt, der Dinge und Vorgänge von keinem System, insbesondere dem der „modernen" Naturwissenschaften, erreicht oder gar übertroffen wird.

Die Astrologie ist, wenn man so will, eine Sprache mit eigenem Vokabular, Grammatik, Syntax und Semantik. Die Beherrschung dieser Sprache setzt ein umfangreiches Studium voraus, welches kein Ende hat. Die Grundelemente werden dargestellt durch Symbole und sind zunächst klar und einfach überschaubar: Die zwei Geschlechter, vier Elemente, vier Aggregatzustände, sieben (oder 10) Planeten, 12 Tierkreiszeichen bzw. deren Bereiche oder Häuser. Diese Grundelemente, wie auch ihre Beziehungen untereinander, können mathematisch – geometrisch klar dargestellt werden. Da die Grundsymbole jedoch begrifflicher Art sind, liegt der eigentliche Umgang mit diesen nicht so sehr im mathematischen, als vielmehr noch im sprachlich – assoziativen Bereich. Durch die Unendlichkeit der Kombinationsmöglichkeiten entsteht ein Begriffsnetz, welches geeignet ist, praktisch alle Dinge und Vorgänge des Daseins, genauer wäre „diesseits und jenseits des Todes" beliebig genau zu beschreiben. Dabei sind, - je besser man das System beherrscht, die Aussagen klar und stringent.

Für uns ist hier vor allem die Beschreibung des Menschen, seiner Eigenschaften, der Art und Weise seines „in der Welt Seins", astrologisch gesprochen seiner „Anlagen", von Interesse. Geläufig ist uns da zunächst die grobe Einteilung nach dem Sonnenstand zur Geburtszeit in den Tierkreiszeichen. Ob man die Relevanz dieser Einteilung für die Eigenart eines Menschen sehen kann, hat nichts mit „glauben" oder dem sogenannten „Aberglauben" zu tun. Auch geht es hier zunächst nicht so sehr um magische Wirkung, als vielmehr um die Beschreibung durch eindeutige Symbole. Den magischen Zusammenhang kann man sehen oder nicht. Dazwischen gibt es nichts.

Zum „Glauben"

Im übrigen ist, was wir „glauben" nennen, ein christlicher Begriff und als solcher doppelbödig, weil er den Menschen auch für Bereiche, welche sich dem Wissen naturgemäß entziehen, verantwortlich zu machen sucht. Es geht bei den Glaubensfragen also eher um Macht und darum, welcher Macht man sich (weil's vernünftig ist) unterordnet. Aktuell: ob man sich der Achse des Guten oder des Bösen zugehörig erklärt nach dem bewährten (christlichen) Motto: „Wer nicht für mich ist, ist gegen mich." (woraus in der Praxis gewöhnlich gefolgert wird, daß wer nicht für uns ist, bedenkenlos vernichtet werden darf.) Besonders in der Demokratie treibt diese Haltung dann ganz eigenartige Blüten. Jedenfalls wird man für den „Glauben", den man – natürlich in voller Entscheidungsfreiheit – wählt, belohnt oder bestraft. Soviel zum christlichen „Glauben".

Und überdies: Wenn dieser „Glaube", wie behauptet wird, die Beziehung des Menschen zum Göttlichen darstellt, warum war es dann nötig, diesen in einer „Summa" pseudomathematisch, logisch – sophistisch zu „beweisen"?

Im astrologischen System, das ein wesentlich heidnisches ist, gibt es dieses „glauben" nicht. Es gibt nur das Wissen und das Nichtwissen. Dabei ist der Bereich dessen, was gewußt werden kann, größer: Er umfasst nicht nur die sinnliche Wahrnehmung und was rational aus ihr (im Bereich des Denkens) abgeleitet werden kann, sondern auch die über- oder außersinnliche des seelischen Bereichs.

Der „freie" Wille

Um es vorweg zu nehmen: Die Vorstellung von einem „freien" Willen ist nichts als eine Fiktion des Denkens. Der postulierte freie Wille ist ein Instrument, welches eo ipso nur im Rahmen des linearen, eindimensionalen Zeitmodells funktionieren kann. Um aber frei zu sein, müßte er unabhängig sein. Dies kann er nicht, weil sein Träger, das Individuum, jedenfalls im Rahmen dieses Weltbildes, eine Geschichte hat, das heißt, eine Vergangenheit, von der er geprägt wird. Herkunft, Erziehung, Umfeld, Anlagen, das Eingebundensein ins Machtsystem, - all dies prägt doch grundlegend den Menschen. Und dieser soll sich dann noch „frei" entscheiden? Ein solches Denken ist doch einfach nur paradox.

Auch wird das Gewissen, welches eigentlich die Bewußtseinsqualität holistischer Wahrnehmung bezeichnen sollte, nur allzuoft zur totalen Verinnerlichung dieser allumfassenden Gehirnwäsche umfunktioniert und mißbraucht.

Und was das Ergebnis oder Ziel der „freien Willensentscheidung" anbelangt, so müssen wir bei umfassenderer (astrologischer) Betrachtung sehen, daß es im Grunde nichts zu entscheiden gibt. Wenn wir die Gesamtheit allen Geschehens, aller Ereignisse als Schicksal sehen, verstehen, so kann es keinen Zweifel geben, daß sie so und nur so sind, wie sie nun sind. Der Gedanke, daß etwas anders sein könnte, als es ist, ist sophistischer Natur. Er entstammt der Pseudophilosophie eines Plato, Sokrates & Co. Was hierzu zu sagen ist, hat Nietzsche längst gesagt. Nur wird sein Wort von den mediengewaltigen Mächten und institutionalisierten Autoritäten bis heute erfolgreich verharmlost und relativiert. Obwohl oder auch weil er die Grundfesten des Systems zerschmettert hat, hat man ihn in eine Schublade gesteckt, welche man möglichst wenig öffnet.

Wenn wir nun ausgehen von dem, was ist, als dem, was ist aus überzeitlicher Betrachtungsweise, Sicht, dann kann es kein Wenn und Aber, kein Hätte, Könnte, Sollte geben. Aus dieser Sicht ist das, was wir gewohnt sind, Äußerung des freien Willens, Entscheidung zu nennen, im besten Fall das Mittel, der Katalysator, damit geschieht, geschehen kann, was in der Gesamtheit der Ereignisse beinhaltet ist. Und noch etwas anders, individueller gesehen: Bei einer anstehenden „Entscheidung" kann von zwei oder mehr Wegen immer nur einer gewählt werden. Ob dies der ist, welcher auch gegangen wird, liegt nicht in der Gewalt des „frei" Entscheidenden. Nur wenn die Perspektive eingeengt ist auf das lineare Zeitmodell, ist der freie Wille eine wirksame Kraft. Sehen wir es von außen, überzeitlich, so ist er nur der Hebel, der bewirkt, daß, was geschehen muß, geschieht.

Der „freie Wille" stellt somit ein Konzept des Denkens dar. Er versucht, im Rahmen und mit den Mitteln von Ethik und Moral die Herrschaft, die er führt, zu festigen. Doch wenn ein Mensch die Augen offen hat, kann dieses Gaukelspiel ihn nicht täuschen. Tatsächlich dient der „freie Wille" nur als Instrument der herrschenden Macht. Den Ohnmächtigen wird die Verantwortung für ihr Handeln auferlegt, damit bei unerwünschtem Handeln Strafe gerecht erscheint. Und hier betrachten wir bereits das Feld des Rechts, der Jurisprudenz, die im Prinzip denselben Mustern folgt. Nicht daß ich es scheuen würde, auch hierzu das nötige zu sagen, allein, es würde sehr weitläufig und ist für unser Thema nicht von erster Bedeutung.

Was bedeutet nun das bis hierher Gesagte? Es heißt, daß wir, auch wenn es wirklich schmerzhaft ist, den Großteil unserer bisher geltenden Konzepte, Richtlinien unseres Lebens, die wir bisher für wahr und einzig gültig gehalten haben, nun endlich – und ohne Rücksicht auf Verluste – über Bord zu werfen haben. Doch ist es besser, als noch länger in der Hölle einer von uns selbst oder von anderen auferlegten Pein zu schmoren.

Astrologische Typologie

Nach dieser grundlegenden Betrachtung dessen, was Glauben, Wissen, Denken und was der freie Wille angesichts des Schicksals ist, betrachten wir (im Hinblick auf die Liebe) die Typologie der Astrologie nun noch einmal etwas genauer. Denn daß die Astrologie in erster Linie eine Typologie darstellt, macht sie als Werkzeug brauchbar und wertvoll.

Für unser Thema ist zunächst die Ordnung der zwölf Tierkreiszeichen von Belang. Sie werden im Horoskop wie auch am Himmel als Kreis, als Ring dargestellt. Dabei ist ihre Folge in keiner Weise zufällig. Sie stellt ein System dar, welches in sich nach mehreren Aspekten der Zuordnung gegliedert ist. Als Gliederungskriterien sind folgende zu sehen:

- 4 Elemente,
- 2 Geschlechter,
- 4 Aggregatzustände,
- 3 Intensitäten in der Quadrantenstellung,
- 12 Tierkreiszeichen, sowie deren Bereichs- oder Feldzugehörigkeit, den
- 12 Häusern,
- 7 Planeten (neuerdings 10).
  Dazu kommen die Beziehungen dieser Kategorien untereinander in:
- Aspekten (Winkelstellungen) sowie die
- hierarchischen Bezüge über die Planetenherrscher der Zeichen und Häuser.

Das ganze System und seine Zusammenhänge nur einigermaßen darzustellen, erfordert mindestens ein umfangreiches Buch. Und solche gibt es in großer Zahl[9]. Für uns ist wichtig nur die Art der Sichtweise, die astrologische Perspektive. Denn wenn man gelernt hat, astrologisch zu betrachten, wird klar, daß jeder Mensch, in seiner Art des Seins, Charakters, seiner Eigenschaften, Stärken und Schwächen, der

Art und Möglichkeit des Reagierens, des Schicksals insgesamt, - daß jeder Mensch mit dieser Typologie beliebig genau und klar gezeichnet werden kann. Und daraus folgt, wenn wir verallgemeinernd auch nur von 12 Typen ausgehen, daß notwendig verschiedene Typen untereinander in völlig verschiedenen Beziehungen stehen. Solch ein Bezug ist beispielsweise die Opposition (z. B. Widder – Waage). Die Beziehung zwischen Zeichen also, welche sich auf dem Ring der Zeichen gegenüberstehen. Dies symbolisiert schon in der graphischen Darstellung, daß diese Zeichen in ihrer ganzen Wesensart einander diametral gegenüberstehen. Sie stellen extreme Gegensätze dar: Der Widder, der den Kampf, die hitzig – schnelle Auseinandersetzung sucht, spontan und impulsiv. Die Waage dagegen, die sich sehnt nach Harmonie und Ausgleich, der Vermittlung zwischen den Gegensätzen. Doch heißt das nicht, daß diese zwei sich nicht in einer Beziehung (Liebe) finden könnten. Gerade die Gegensätzlichkeit, in welcher jeder das beim andern findet, was ihm nicht eigen ist, wirkt oftmals stärkste Anziehung. Das Gegenteil hierzu: Die Konjunktion: zwei gleiche Zeichen, z.B. Stier und Stier. Von dieser Beziehung ist ähnliches zu sagen, nur in einem umgekehrten Sinn. Das Verständnis füreinander beruht hier nicht auf dem Gegensatz, sondern der Gleichheit, was ebenso verständlich ist.

Für unser Thema weiters wichtig ist, daß seiner jeweiligen Natur gemäß, ein jedes Zeichen eine ganz spezifische Vorstellung von Liebe und Beziehung zu anderen Menschen hat: Der Widder beispielsweise, grob gesagt, impulsiv und aggressiv, der Stier dagegen schwerfälliger, bequemer, langsamer und langfristiger, der Zwilling flink und schnell, beweglich, intellektuell, neigt mehr zur Vielfalt und zu stetem Wechsel. Wenn wir dies in seiner Konsequenz verstehen, so kann von einer einzigen Art zu lieben oder einer „wahren Liebe" nicht im geringsten mehr die Rede sein. Was ist dann „Liebe"?

Vielleicht können wir sagen, daß es viele verschiedene Auffassungen, Vorstellungen gibt von dem, was dieses Wort bezeichnet. Es gibt so viele Arten Liebe als es Menschen gibt. Zwar mag es typologische Ähnlichkeiten, Parallelen geben, doch letzten Endes ist jeder Mensch an sich und jede Beziehung zwischen zwei Menschen in jedem Fall besonders, einzigartig. Dies ist auch, was das Leben reich und schön, wenn manchmal auch recht schwer und unerträglich macht. Doch wäre es anders, gäbe es kein Leben.

Das ganze romantische Ideal der Liebe ist uns so mit einem Mal in Nichts zerstoben: Im Grunde ist sie nichts als ein theoretischer Überbau, welcher den Bestand der gesellschaftlichen Strukturen garantieren soll. Heute, da unsere gesellschaftlichen Systeme weltweit im Zusammenbrechen sind, wird offenbar: Das Fundament, auf dem die Liebe stehen sollte, besteht nicht aus den tatsächlichen Vorgängen und Verhältnissen des praktischen Lebens, sondern auf einer idealisierten Abstraktion des Denkens. Es stellt sich somit die Frage, ob wir mit diesem Begriff der Liebe noch weiterhin umgehen können oder ob, da er sich als unbrauchbar erwiesen hat, wir das Modell, das diesen Bereich beschreibt, nicht gänzlich neu entwerfen müssen.

Was kann dann die Liebe sein? Hier kehren wir zurück zum Tango.

Liebe und Tod im Tango

Auf die Frage, was Liebe sei, gibt der Tango uns eine Antwort. Dazu ist es nötig, daß wir fähig und bereit sind, sie anzunehmen. Wenn wir uns von den Erwartungen und Spekulationen der christlich – abendländischen Tradition und Konvention lösen können, das heißt, wenn wir darauf verzichten, die Liebe festhalten zu wollen, wenn wir erkannt haben, daß unsere einzige Sicherheit die ist, daß es eine Sicherheit nicht gibt, wenn uns klar ist, daß gesellschaftliche Hierarchien in der Liebe bedeutungslos sind und nur die Eigenart und Energie der Individuen in ihrem Zusammenspiel in der Liebe wirken, - dann können wir im Tango eine Antwort auf diese Frage finden.

Wenn ich oben gesagt habe, daß Tango die Liebe ausschließt, so habe ich dies auf die bürgerlich – konventionelle Vorstellung von Liebe bezogen, welche nur zu oft in die meist als Sackgasse empfundene Ehe führt. Die Liebe jedoch, welche im Tango zum Leben erweckt wird, ist eine allgemeinere, grundlegendere, allen Menschen eigene Form der Liebe. Da sie nicht auf eine gemeinsame Zukunft abzielt, kann sie sich ganz frei und ohne Hintergedanken in der Gegenwart entfalten. Und da die strenge Form des Tangos die Tänzer davor bewahrt, sich in körperlicher Intimität mit deren unausweichlichen Folgen zu verlieren, wird es im Tango möglich, daß dieser Augenblick der Begegnung frei von Ängsten in die Ewigkeit des Zeitlosen eingeht. Die Liebe im Tango ist eine Begegnung der Körper, welche hier jedoch vor allem das Spannungsfeld des seelischen Seins bilden. Das Entscheidende ist die Begegnung und mithin die Erkenntnis der Begegnung, aber auch des jeweils Anderen in seiner Art und Weise, in seinem seelischen, unter- oder unbewussten Sein. Gerade im Tango kommt die Einheit oder Untrennbarkeit von Körper und Seele intensiv zum Ausdruck.

Natürlich ist nun nicht jeder Tango, der getanzt wird, eine Begegnung in Liebe. Doch gibt uns der Tango die Möglichkeit der Erkenntnis, einer tieferen Sicht des Anderen. Wir sehen, oder fühlen seine Stärken, seine Schwächen, seine Aggressivität, seine Hingabe, seine Sicherheit oder seine Ängste, seine Sinnlichkeit oder seinen Intellekt, die spezifische Art seiner Kreativität, seine Art und Weise, sich im Traumbereich der Musik zu bewegen und in ihr zu schwingen ...

Wir können auch unterscheiden, welches seine Grundform oder allgemeinere Form und welches nur seine mehr zeitbedingte Tagesform ist, - das heißt, ob er ein nervöser Typ ist oder nur gerade heute nervös ist. Wir können ihn verstehen. Weil wir uns beim Tango nicht im Denken bewegen, können wir das. Die Unterscheidung findet vor dem begrifflichen Fassen, - das ist das Denken, - statt. Erst das Denken fasst die sinnlich empfundene Unterscheidung in einen Begriff. Es verarbeitet die Inhalte unserer Wahrnehmung.

Weil wir also den Anderen in seiner allgemeinen oder zeitbedingten Seinsweise verstehen können, können wir auf ihn eingehen, uns ihm zuneigen. Wir können antworten auf seine Freude, seine Traurigkeit, seine Anmut, seine Ausgelassenheit oder Melancholie. Aber wir können ihm auch unseren Zustand mitteilen, - das ist wunderbar. Auf diesem Verstehen beruht die Liebe des Tangos. Und dieses Verstehen können wir einem Menschen zubringen, den wir weder vorher gekannt haben, noch später wieder sehen werden. Dies läßt sich nicht beschreiben, - man muß es tanzen. Das weiß jeder Tangotänzer.

Die Sympathie, das Mitfühlen mit dem Anderen, die im Tango als Begegnung stattfindet, ist die Grundlage für die liebevolle Begegnung. Diese ist eine eigene Stufe, eine weitere ist die liebevolle Verschmelzung. Sie wird möglich durch die Musik, - in der Musik:

> „Wir wandeln durch des Tones Macht
> Froh durch des Todes düst're Nacht"

singen Pamina und Tamino in Mozarts Zauberflöte, - ein Kernsatz dieser Oper. Der Tod ist der eigentliche Ort der Liebe. Es ist der Ort ohne Raum und Zeit. Nur die Musik kann ihn bezeichnen, weil sie an diesem „Ort" stattfindet. Und im Tango kann ich mich als Tänzer an diesen Ort begeben, - ich bin an diesem Ort. Das Wort „Ort" gehört hier einer anderen Dimension an als die drei uns bekannten Dimensionen. Dies ist die Dimension, in welcher die Seelen sich bewegen. Dies ist auch die Dimension, in welche wir uns im Tango begeben. Es ist der Ort, an welchem wir dem Tod begegnen und der Liebe, dem bedingungslosen Sein jenseits von Raum und Zeit, dem Jenseits.

Ich weiß: Dieser Gedanke läßt uns zunächst erschauern. Doch in Wahrheit ist dies das Zeichen, unter welchem wir in diesem Leben stehen. Und wenn wir dies erkannt haben (ich meine, nicht intellektuell) gibt es keinen Raum mehr für Angst. Deshalb gibt es im Tango keine Angst. Im Tango bewegen wir uns in der Sicherheit des Todes, in welcher es keine Angst mehr gibt. Wir können ganz einfach sein, - ohne ... alles.

Dieser Ort, welcher zunächst außen zu sein scheint, ist eigentlich innen: Er ist unser Herz. Deshalb berühren sich beim Tango unsere Herzen. Wir fühlen den Schlag des Herzens des Anderen. Der Tango ist keine Sache des Unterleibs. Der Unterleib hat bestenfalls Zugang zum Kopf. Das ist der Bereich, mit dem sich Sigmund Freud und seine Nachfolger befassen. Der Tango ist eine Sache des Herzens. Deshalb gibt es beim Tango auch keine Spekulation auf Perpetuierung oder Machtmanifestation. Der Tango findet nur in der zeitlosen Gegenwart statt, - ohne Spekulationen. Es gibt im Tango keinen Terror und keine Angst. Das Herz ist die Sonne, das Zentrum unseres Universums. Unser Herz ist der Spiegel der Sonne. Es erleuchtet alles und es ist erleuchtet. Im Herzen tanzen wir den Tango.

Tango und Sex

Natürlich dürfen diese schönen Worte nicht abstrakt esoterisch mißverstanden werden. Also: weder „heilig" noch „anständig". Darüber müssen wir uns klar sein: Wenn wir auf den Grund der Beziehung von Mann und Frau gehen, dann spielt der Sex, das Geschlecht die tragende Rolle. Das Geschlecht ist gewissermaßen der Austragungsort, um nicht zu sagen, der Kampfplatz der Seelen. Neben den Erlebnisbereichen des einfachen, gemeinsamen Sich – Wohlfühlens, der heiteren Ausgelassenheit einer Milonga oder eines Sich – aneinander – Anlehnens kann der Tango auch durchaus von der Energie des Sexus durchtränkt sein. Wenn ich als Mann mit meiner Prinzessin einen erfüllten Tango tanze, dann kann dies fast einer sexuellen Begegnung gleichkommen. Das wissen wir beide und das kann jeder sehen. Das heißt nicht, daß wir eng und enger tanzen, - es ist eine Frage der Spannung, eine Frage der Explosivität der Mischung der Temperamente: Ein satter Tango ist wie ein Molotowcocktail: Die sexuelle Begegnung ist die Vereinigung, ja die totale Durchdringung komplementärer Substanzen, - eine Explosion. Doch beim Tango ereignet sich dies in sublimierter Weise und das entspricht dann eher einer Implosion.
Technisch betrachtet steigert gerade der dynamisch akzentuierte Wechsel von eng und weit getanztem Tango die erotische Spannung ins eigentlich schon nicht mehr Erträgliche. Aber natürlich ist das nur im übertragenen Sinn zu verstehen, denn die körperliche Enge oder Weite ist nur der äußere Ausdruck eines inneren, seelischen Vorgangs. Eben das ist das Wunder des Tangos, daß in ihm diese Bereiche, die sonst konventionell getrennt sind, miteinander verschmelzen und ihre Untrennbarkeit, mehr oder weniger bewußt, von beiden Partnern erlebt

wird. Dabei spielt der Bewußtseinsgrad keine entscheidende Rolle.

Das Entscheidende ist, daß es im Tango möglich ist, die konventionellen bürgerlichen Grenzen gleichzeitig einzuhalten und zu überschreiten. Das heißt von außen gesehen, wir können als Paar eine geradezu sexuelle Vereinigung im öffentlichen Raum ausspielen, ohne Anstoß zu erregen. Und von innen betrachtet bedeutet es die große Freiheit, daß wir unsere Sehnsucht ohne Angst und Heimlichkeit leben können. Auch dies ist ein Grund, warum wir Tango tanzen.

Spätestens hier wird es auch klar, warum es für Ehepaare oft keinen Grund gibt, miteinander Tango zu tanzen. Denn ihr sexuelles Verhältnis ist häufig nur noch Routine und konventionell ohnehin gesellschaftlich sanktioniert. Das heißt, wenn ein verheirateter Mann mit seiner Frau Tango tanzt, geschieht meist nichts Aufregendes. Auch wenn die beiden ein technisch und ästhetisch perfekt eingespieltes Team bilden, - es wird kein Tabu durchbrochen. Wo soll da eine Spannung herkommen?

Andererseits kommt es vor, daß (Ehe-)Paare, welche Spannungen in ihrem Verhältnis nicht lösen können, gerade den Tango und seine Atmosphäre suchen. Denn nicht zu Unrecht erwarten sie, hier eine neue, erweiterte Sichtweise ihrer Probleme zu erlangen. Sie suchen, die verloren gegangene Spannung, den erlahmten Eros, wieder zu beflügeln. Doch oft gelingt dies nur, wenn beide den Mut aufbringen, die Grenzen ihrer Beziehung zu überschreiten.

Dabei berühren wir ein entscheidendes Kriterium für die Spannung im Tango: Die Möglichkeit der Promiskuität, das Brechen des gesellschaftlichen Standards der Monogamie, also eines Tabus, ist die Voraussetzung für die Spannung und die Energie des Tangos. Und dies ist der Grund, warum der Tango kein Gesellschaftstanz ist. Denn die Vereinigung im Tango ist keinesfalls eine Manifestation bürgerlicher Besitzansprüche. Es geht weder um Macht und Herrschaft, noch um Moral oder Rechtschaffenheit. Das Reich des Tangos ist nicht von dieser Welt. Der Tango bietet eine Perspektive für eine Gesellschaft, deren sämtliche traditionelle Werte im Begriff sind, in sich selbst zusammenzubrechen.

Tango in der Welt

Wir sind hier zum Ausgangspunkt unserer Betrachtung zurückgekehrt und können jetzt vielleicht besser verstehen, warum der Tango in der heutigen Welt eine so wichtige Funktion hat, auch wenn diese erst nur für wenige sichtbar ist.

Der Tango gibt uns die Möglichkeit, uns und die anderen als Menschen zu sehen und zu verstehen. Dabei spielen die Schranken von Nation oder Rasse keine Rolle. Und dennoch, werden deren Eigenarten und Qualitäten weder verleugnet noch nivelliert. Das Menschsein wird im Tango auf eine neue Basis gestellt. Dabei bildet der Einzelne, das Individuum, den Maßstab für die Gesellschaft und nicht umgekehrt. Der Tango verkörpert somit ein wesentlich anarchisches Modell für eine künftige Gesellschaft, in welcher die Freiheit unveräußerlich sein soll. In einer Welt, in der sich Macht in bisher nicht gekannten Ausmaßen zentralisiert, eröffnet uns der Tango eine Perspektive: Er ist nicht nur ein Fluchtort, an welchen wir uns zurückziehen, sondern er ist auch Ausdruck einer Forderung. Er verwirklicht auf denkbar einfache Weise, ohne großmächtige juristische oder staatspolitische Apparate, ohne Propaganda, ohne Nebeninteressen das Recht des Menschen auf ein menschengerechtes Dasein. Die Einheit des Lebens beruht auf der Vielfalt der Erscheinungen und nicht auf ihrer Vereinheitlichung. Der Tango verbindet die Menschen ohne sie zu vergewaltigen. Der Tango schenkt uns eine große Freiheit.

Anmerkungen:

[1] W. Schubart: „Religion und Eros"; Beck, München 1966
[2] Eugen Herriegel: „Zen in der Kunst des Bogenschießens"
   O.W. Barth Verlag
[3] Meister Takuan „Zen in der Kunst des kampflosen Kampfes,
   O. W. Barth Verlag 1999
[4] Meister Yüa-wu (12.Jh.): „Bi yän lu", 1. Beispiel
[5] Die Sonderfälle gleichgeschlechtlicher Paare lasse ich, da sie
   Ausnahmen bilden, hier weg.
[6] s. o. [4]
[7] AT, Hoheslied 8,6
[8] Homer, Dante, Shakespeare, Goethe, bis hin zu modernen Dichtern
   wie Pound, Pessoa, ...
[9] Hier nur die Namen einiger neuerer Autoren: Wehrle,
   Sindbad – Weiss, Fankhauser, Döbereiner, Ring, Arroyo, ...

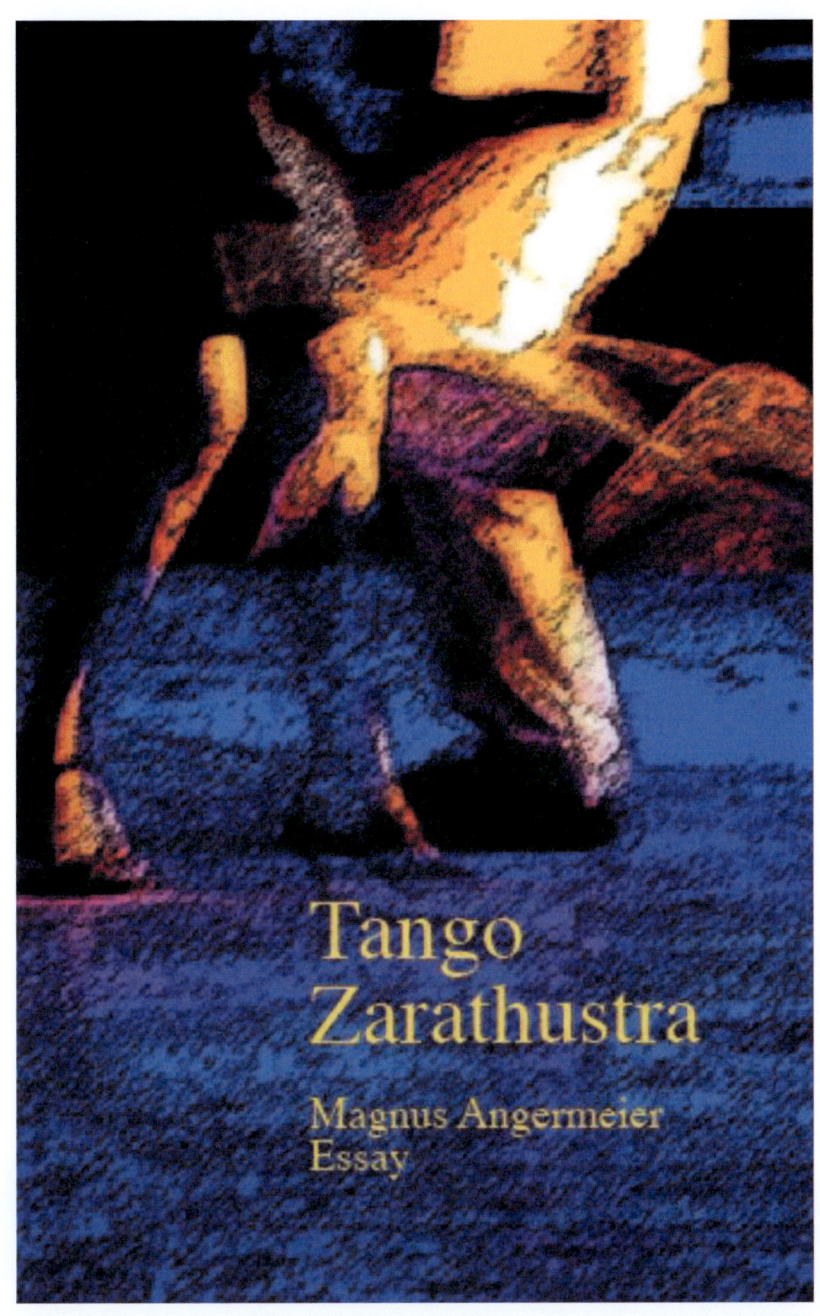

Tango Zarathustra

Magnus Angermeier
Essay

Tango Zarathustra
Magnus Angermeier
Essay

Inhalt   Seite

Vorspann

Schon mein erster Tango-Essay „Liebe, Tod und Tango" hat vielerlei Diskussionen und Kontroversen ausgelöst. Dies war auch der Sinn und Zweck meines Unternehmens. Auch dieser zweite Teil verfolgt dasselbe Ziel: Keine umfassende, erschöpfende Darstellung des Tangos, sondern Anreißen aktueller und wie ich meine, brisanter Themen, Beobachtungen, Überlegungen. Es wird mich freuen,wenn diese Betrachtungen, - eigenwillig, provokant, vielleicht auch unzeitgemäß, - eine Grundlage und ein Impuls für weitere, fruchtbare Diskussionen sind.

Nicht immer ist es mir gelungen, den Spagat zwischen der Vermeidung von Wiederholungen und einer knappen, aber eben noch verständlichen Ausführung zu schlagen. Auch lassen die Verknüpfungen der Einzelthemen teilweise zu wünschen übrig. Aber gerade das Skizzenhafte , nicht Vollendete gibt einer Arbeit auch einen gewissen Charme. Ich hoffe, daß meine Leserinnen und Leser mir diese „essayistische" Freiheit nicht allzusehr zum Vorwurf machen.

Lebensweg und Tangoalter

In der Jugend erfahren wir uns selbst in der Welt. Wir erfahren uns als ein Ich, welches in die Welt gestellt wurde. Da geht es darum, das Ich zu definieren, zu behaupten, abzugrenzen gegen die Welt. Dazu muß man aber auch erkennen, was die Welt ist, man muß die Welt erobern. Man muß lernen, sich selbst gegenüber der Welt, die ein Außen ist, abzugrenzen, das heißt, sich auch selbst als ein äußerlich Wahrnehmbares darzustellen, in Erscheinung zu treten. Wir müssen lernen, in der Außenwelt auch uns selbst als relevantes Außending zu behaupten.

Erst wenn wir das erreicht haben wird uns allmählich klar, daß diese Erlebnisweise der Welt und unseres Selbst nur eine von mehreren möglichen Sichtweisen ist. Zu dieser Erkenntnis gelangen wir ungefähr in der Mitte unseres Lebens. Und sie wird meist als Krise (midlifecrisis) erlebt. Es ist dies eine Sinnkrise, wo wir den Sinn unseres Daseins hinterfragen. Wir erkennen, daß wir diese Frage nach dem Sinn des Lebens und ihr Gewicht noch gar nicht erkennen, geschweige denn beantworten konnten. Zu sehr waren wir beschäftigt mit dem Erkennen und dem Darstellen der äußeren Formen.

Äußerer Erfolg, Sicherung der materiellen Grundlagen, Ästhetik der Erscheinung, Demonstration von Einfluß und Ansehen erschienen uns bisher als die wesentlichen Aufgaben und Äußerungen im Leben. Erst wenn wir an dem Punkt angelangt sind, daß wir diese Aufgaben auf die eine oder andere Weise (d. h. mit mehr oder weniger Erfolg) erledigt haben, werden wir uns bewußt, daß damit die eigentliche Aufgabe des Lebens noch nicht gelöst ist. Das herrliche Gebäude unserer ersten Ziele fällt in sich zusammen wie ein Kartenhaus. Wir stehen wieder am Anfang. Aber wir wissen nun schon, daß die Suche nach dem Sinn des Lebens in der Welt des äußeren Erfolgs alleine nicht erfolgreich ist, nicht erfolgreich sein kann. Wo aber dann ?
Nun zeigt sich: Wir haben anscheinend das Thema verfehlt. Unsere Suche, welche sich freilich erst nach und nach zu einer solchen ent-

wickelt hat, ist fehlgeschlagen. Wir haben am falschen Ort oder im falschen Bereich gesucht. Und was überhaupt haben wir gesucht? Das ist eine Erkenntnis, die uns erst einmal den Boden unter den Füßen wegzieht, - vielleicht zum ersten Mal. Eine bodenlose Katastrophe. Dies zu durchleben ist meist sehr schmerzhaft. Das stolze Ich erkennt seine Eitelkeit und fällt in sich zusammen zu einem Nichts (falls es zu dieser Erkenntnis fähig, d.h. stark genug ist). Wie bewusst dieser Zustand, das Ausmaß dieser Katastrophe, dem Einzelnen wird kann graduell sehr unterschiedlich sein. Es ist dies abhängig vom Grad der Aufmerksamkeit zu welcher er fähig ist. Viele Menschen bemerken gar nicht, daß sie sich in einer (dieser) Krise befinden. Sie werkeln einfach nach dem gewohnten Muster weiter. Sie werden sich ihrer Auswegslosigkeit gar nicht bewusst. Die Folge davon sind dann Ausfallserscheinungen im äußeren Bereich, die sehr massiv werden können: Allergieen, Krankheiten, Unfälle, Mißerfolge bis hin zum Tod in extremen Fällen.

Eines wird klar:
Wir müssen - an diesem Punkt angelangt - unsere Aufmerksamkeit intensivieren die Bereiche, denen wir unsere Achtsamkeit zuwenden, neu finden. Dabei sollten wir das Kind nicht mit dem Bade ausschütten. Das bisher erlebte ist nicht wertlos, nur weil es nicht den erhofften Erfolg gezeitigt hat. Das Erleben und Darstellen der Außenwelt ist an sich nicht wertlos, - es ist nur für sich alleine nicht ausreichend, solange man glaubt, einen Sinn des Lebens finden zu müssen. Das materielle Dasein in der Außenwelt reicht für sich alleine nicht aus, um das Leben in der Welt am Leben zu erhalten. Aber es bildet das Substrat, den Nährboden, auf welchem sich das Leben entwickeln und entfalten kann und muss.
Die eigentliche Energie, die Kraft, der Impuls liegt jedoch außerhalb der materiellen Erscheinungen. Wenn wir unsere Aufmerksamkeit auf diese immateriellen Bereiche richten, können wir besser erkennen wie das Leben funktioniert und wie wir im Leben funktionieren können.

Tangoalter

In dieser Phase der Orientierungslosigkeit, wo wir zwischen der äußeren Darstellung unseres Egos und der inneren Wahrhaftigkeit unserer Person differenzieren müssen, bietet uns der Tango eine wertvolle Hilfe: Der Tango gibt uns durch sein minimalistisches Regelsystem die Mittel, das innere Erleben räumlich im Tanz, und zwar zu zweit, auszuleben, zur Erscheinung zu bringen. Dies bedeutet die Integration von äußerer und innerer Welt, wie sie sonst nur in wenigen Bereichen (z.B. in der Kunst) ein mögliches Ziel ist.

Natürlich kann es auch in anderen Lebensphasen wichtig sein, dieses Bedürfnis zu stillen. Doch zeigen meine Beobachtungen, daß es für die meisten gerade diese Phase der mittleren Lebens- und Sinnkrise ist, in welcher sie ihre Zuflucht beim Tango finden.

Es ist dies auch die Phase, wo wir uns zunehmend der Problematik des Älterwerdens bewußt werden. Dies zeigt sich zunächst am Körper, an dem die Spuren des Alterns am ehesten sichtbar werden. Dabei besteht das eigentliche Problem darin, daß das Älterwerden überhaupt als Problem aufgefaßt wird. Nun mag das körperliche Altern mit all seinen Begleiterscheinungen schon überwiegend unangenehme Aspekte haben. Doch ist im immateriellen, geistig-seelischen Bereich das Altern nicht nur als Verfall zu sehen, sondern auch als Stadium des Reifens. Und gerade diese Fähigkeit, im Alter die Dinge mit mehr Abstand und mit größerer Ruhe, „beschaulich" zu betrachten ist ja das beste Mittel, um die körperlichen Befindlichkeiten in einer angemessenen Weise hinnehmen zu können und auch in ihrer besonderen Qualität zum Tragen zu bringen.

Wir können dies sehen, wenn wir ältere Tanguerosas, wie z.B. Osvaldo und Coca oder Traude und Luciano betrachten. Hier ist es auch nicht so sehr der Aspekt des Verfalls sondern der der Würde und Beherrschung, unter welchem der Körper erscheint. Und dies ist eine Sichtweise, welche dem Altern durchaus angemessen ist. Das Tangotanzen stoppt zwar nicht den Alterungsprozess, aber beim Tangotanzen wird uns klar, daß das Altern kein Problem sondern ein natürlicher

Vorgang ist. Ein Problem wird das Altern nur wenn wir uns von einem Denken beherrschen lassen, welches ziemlich dumm ist, weil es nicht sehen will was ist, sondern dem Diktat einer Mode folgt.

Die Aussage, daß man, ab dem Zeitpunkt, zu dem man mit dem Tangotanzen beginnt nicht mehr altert wird von vielen Tanguerosas bestätigt. Ja, ich kenne sogar Tänzer, welche behaupten, daß sie sich ab dem Beginn ihrer Tangokarriere im gleichen Maß verjüngt haben, wie sie zuvor gealtert sind. Das kann natürlich auch darauf hinweisen, daß es nicht unbedingt ratsam ist, zu früh mit dem Tangotanzen zu beginnen.

Tango als Schicksal

Welcher eingefleischte Tangotänzer kennt nicht diese Situation? Er versucht, Freunde und Bekannte zum Tango zu überreden, und hofft, ihnen seine Begeisterung mitteilen zu können. Es ist wie wenn man einen geheimen Schatz oder eine Goldader gefunden hat und glaubt, diesen Schatz mit aller Welt teilen zu müssen, weil er groß genug ist, um alle glücklich zu machen. Doch in den seltensten Fällen wird dieser missionarische Eifer von Erfolg gekrönt. Bei den Einen findet er wenig Glauben, - sie tun die Geschichte als Ammenmärchen oder Spinnerei ab; Anderen ist der Weg, der angeblich zu diesem Schatz führt, zu beschwerlich, wieder Anderen, - und das sind vielleicht die meisten,- erscheint dieser Weg einfach zu gefährlich. Und gerade das Letztere trifft, wenn man es aus der Sicht des biederen Normalbürgers betrachtet, in hohem Grade zu: Wer sich auf den Tango einläßt ist mit hoher Wahrscheinlichkeit für die einfache bürgerliche Welt verloren. Er kommt der Welt abhanden. Der bisher sicher geglaubte Boden von Ethik und Moral wird auf einmal sichtbar in seiner ganzen Brüchigkeit und Fragwürdigkeit. Wir müssen zusehen, wie das für so sicher gehaltene Gebäude unserer Gewohnheiten, Denkmuster, Konventionen und Wertigkeiten in sich zusammensackt als wäre es auf Sand gebaut.

Und das ist das, wovor die Menschen am meisten Angst haben.

Friedrich Nietzsche hat dieses Phänomen oder diesen Vorgang visionär vorausgesehen und beschrieben als „die Umwertung aller Werte". Ich will mich hier nicht an der Diskussion um die Auslegung von Nietzsches Texten beteiligen. Aus meiner Lektüre der Vorlesungen von Martin Heidegger über Friedrich Nietzsche glaube ich jedoch sagen zu können, daß gerade (wenn auch nicht ausschließlich) im Tango die zentralen Erkenntnisse Nietzsches ihren Weg in die Welt und in die Wirklichkeit finden können. Was Nietzsche in seinen Aufsätzen und Aphorismensammlungen theoretisch ausgesprochen hat, das können wir zum Teil im Tango am eigenen Leib konkret erfahren und umsetzen.

Es soll uns hier genügen, zu sehen, welche Bedrohung der Tango für die gewöhnliche, bürgerliche Welt darstellt. Nur so ist die große Angst der Menschen vor dem Tango erklärlich. Und nur so ist es auch verständlich, warum verhältnismäßig wenige Menschen den Weg zum Tango finden. Erst wenn der Leidensdruck oder die Einsicht in die Unzulänglichkeit dieser Welt und ihre unmenschlichen Bedingungen groß genug ist sind wir bereit, uns dem Tango hinzugeben. Solange wir glauben, mit den wesentlich hohlen, im Außen verankerten Tätigkeiten und (aus der Sicht des Tangos) oberflächlichen Unterhaltungen unser Genügen und Auskommen zu finden, sind die Pforten des Tangos für uns verschlossen.

Wenn wir dies verstehen, und nicht zuletzt aus der Sicht Nietzsches sehen können, ist es klar, daß der Eintritt in die Welt des Tangos eine Frage des jeweils persönlichen Schicksals ist. Ein Bild für diesen Mechanismus können wir vielleicht auch in der indischen Vorstellung des Karmas finden: Der Mensch durchläuft dort im Verlauf vieler Wiedergeburten vielfältige Grade und Stufen der Reife aber auch des Leidens. Doch ist dieser Gedanke oder diese Lehre für uns westliche Menschen nicht einfach nachzuvollziehen. Auch birgt er hinsichtlich der Frage des freien Willens angesichts des Schicksals durchaus Probleme in sich. Das Thema sollte hier auch nur angeschnitten werden, um eine mögliche Tendenz des Denkens anklingen zu lassen. Auch

Magnus Angermeier: "Tangopaar", 2010, Gipsmodell, h: 150 cm

will ich hier nicht wiederholen was ich bereits in "Liebe, Tod und Tango" zu diesen Themen gesagt habe.

Wichtig erscheint mir hier, daß der Tango für diejenigen, welche das Schicksal im Tango vereint hat, eine Möglichkeit, einen Weg bietet, auf welchem sie den Zwängen und Unmöglichkeiten des Daseins in dieser unserer Alltagswelt wirksam begegnen können. Dies ist so weil der Tango sich auf einer anderen Ebene bewegt als das gewöhnliche Leben und Erleben in unserer Gesellschaft. Der Tango bietet uns die Möglichkeit, uns von all diesen Zwängen und Unsinnigkeiten zu befreien.

Tango als Befreiung ?

Welches ist aber nun der Weg, welcher, nachdem wir die Grundlagen beherrschen, uns dahin führt, einen wirklich befreiten Tango zu tanzen? Ja, eigentlich geht es um weit mehr, - und dazu ist letztendlich der Tango ein Weg, - nämlich ein befreites Leben zu führen. Das sieht aus nach der berühmten Katze, die sich in den Schwanz beißt. Und ich muß gestehen, eine 100% ige Lösung für diese Frage kann es wohl nicht geben.

Trotzdem ist meine Erfahrung, daß eine schrittweise, wenn auch vielleicht nur partielle Annäherung an dieses Ziel der Befreiung durchaus möglich ist. Sie ist möglich, wenn wir sie für möglich halten. Und da haben die Tangotänzer eine recht gute Chance. Wer nämlich durch die harte Schule des Anfängertums durchgegangen ist und den Status des (ich nenne es hier) „Fortgeschrittenen" erreicht hat, gehört bereits einer bestimmten Gruppe von Menschen an: Es sind dies Leute, die ein gewisses Maß an Disziplin, Ausdauer, Optimismus, aber auch Demut und Bescheidenheit und nicht zuletzt Sinn für Ästhetik und Transzendenz oder zumindest die Sehnsucht danach besitzen und auch bewiesen haben. Sonst wären sie nicht so weit gekommen. Und diese Eigenschaften sind schon einmal ganz gute Werkzeuge, um der verflixten Katze ans Fell zu gehen.

Also, - eigentlich handelt es sich um zwei Katzen: Die eine ist der befreite Tango mit dem befreiten Leben. Die andere sind einerseits die Zwänge und Notwendigkeiten dieser Welt, vor denen wir fliehen und andererseits unsere Ängste vor diesen Zwängen, die uns gerade an diese Zwänge fesseln.

Das heißt, wenn wir es schaffen unser Leben zu befreien, gelingt es uns auch, einen befreiten Tango zu tanzen und umgekehrt. Und wenn wir es schaffen uns von den Zwängen und Nöten dieser Welt zu befreien, so werden wir auch unsere Ängste los und umgekehrt. Ist das so? Ja und nein. Jedenfalls kann man sagen, daß sich die Hälfte dieser Vorgänge und Zusammenhänge in unserem Kopf abspielt. Das ist auch kein Wunder, wenn wir bedenken, daß wir in einer Kultur leben, in welcher das Streben nach Herrschaft und Geld, das heißt nach materieller und immaterieller Macht die Grundlagen unseres Denkens und mithin unseres Fühlens hauptsächlich geprägt haben. Es sind viele Chips, die da in unseren Gehirnen installiert sind und die ein scheinbar unauflösliches Geflecht bilden.

Nochmal Friedrich Nietzsche: Er hat dies vor über hundert Jahren in visionärer Weise gesehen. Und doch war es sein Schicksal, mehr misssdeutet als verstanden zu werden. Vor allem hat Nietzsche die Wurzeln unseres so wahrheitsfremden Denkens bei Platon aufgezeigt. Dieses Denken bildet praktisch die Grundlage für den Baum des Christentums, welcher aus diesen Wurzeln erwachsen ist und der bis heute unsere Welt prägt und zerstört. Zwar hat Nietzsche seine Vision des Übermenschen, welcher all diese Irrtümer überwindet, nur fragmentarisch ausführen können, doch geben uns die Vorlesungen Martin Heideggers ein Vorstellung dessen, was gemeint war. Ich kann diesen Faden hier nicht weiterspinnen weil das ein eigenes Buch von erheblichem Umfang und größerem Tiefgang erfordern würde.

Ich habe schon an anderer Stelle auf die Mechanismen der Macht hingewiesen, nämlich in Bezug auf die Korrumpierung der Liebe ("Liebe, Tod und Tango", - Liebe und Herrschaft). Hier geht es nun um das Hauptinstrument, welches die Herrschaft der herrschenden Mächte bewirkt und garantiert: Die Angst.

Mechanismen der Angst – Das Prinzip Angst

„ Wissen wir längst, - ich kann es nicht mehr hören ...“ werden viele hier sagen. Und gerade das ist ein wichtiger Grund, warum wir uns gegen unsere Ängste nicht wehren können: Wir haben sie verinnerlicht, zur unangenehmen, aber unabänderlichen Grundbedingung unseres Lebens gemacht. Ja, was noch schlimmer ist, wir haben die Angst zur Voraussetzung und zur Garantie für unsere Sicherheit gemacht. Wir lieben unsere Ängste und klammern uns an sie: Wer keine Angst hat ist unbesonnen, fahrlässig, ... - Angst vor der Angstfreiheit.

Bei Wikipedia finden wir: *„Mut, auch Wagemut oder Beherztheit, bedeutet, dass man sich traut und fähig ist, etwas zu wagen.“*
Und unter: „Heutige Bedeutung und Umfeld:
Mut in einer Situation zu zeigen, muss sich nicht zwingend auf etwas tatsächlich Gefährliches beziehen. Wer vor Situationen Angst hat, die objektiv nicht gefährlich sind (etwa aufgrund einer Phobie), verhält sich insofern mutig, sich ihnen auszusetzen. Vor einer gefährlichen Situation keine Angst zu haben, wird ebenfalls gelegentlich als Mut bezeichnet, obwohl dies auch ein Zeichen von Erfahrung (Sicherheit, die Situation bewältigen zu können) oder auch von Naivität sein kann (das Gefahrenpotential wird gar nicht erkannt).“

Was heißt das?
Mut hat in seinem ursprünglichen Sinn praktisch keine oder nur noch partielle Bedeutung. Mut ist vorwiegend bezogen auf Gefahr, Angst, Sicherheit, ... – der ursprünglich positive Charakter des Wortes (vgl. mittelalterlich „hôher muot“) hat sich fast in sein Gegenteil gewandelt: er bezeichnet heute hauptsächlich die Haltung realitätsfremder, „naiver“ Menschen, welche lediglich ein „Gefahrenpotential“ nicht erkennen. Als positive Haltung begegnet uns heute der Mut am ehesten noch als „Mut zur Technik, zur Innovation, zum Fortschritt, ...“ (also Werte, welche in unserem durchaus fragwürdigen System meist posi-

tiv bewertet werden)

Was aber angesichts unserer globalen Situation gerade nötig wäre, - nämlich der Mut zum nicht Rationalen, Gefühlsmäßigen wird als unvernünftig, verantwortungslos, ja, geradezu dumm diskriminiert. Das alles beherrschende Prinzip ist heute die Angst.

Wenn wir unseren alltäglichen Sprachgebrauch daraufhin genauer prüfen, wie allgegenwärtig die Angst ist, auch oder gerade wenn sie sich als Streben nach Sicherheit (etwa auf Werbung für Klopapier, um nur ein drastisches Beispiel zu nennen) darstellt.

Die Angst war immer das wesentliche Werkzeug um das einfache Volk mit möglichst geringem Aufwand unter die Herrschaft der jeweils herrschenden Systeme zu zwingen. Angst wird erzeugt, indem man den Menschen gewissermaßen einen Chip ins Gehirn setzt: nämlich die Bedrohung durch eine Gefahr für Leib und Leben, am wirksamsten aber als Gefahr für die Seele. Dieses wurde, weil am wenigsten prüfbar und nachvollziehbar durch die christlichen Kirchen im Auftrag der Herrschenden in den letzten 2000 Jahren massiv eingesetzt.

Die heutige Propaganda (insbesondere unserer westlichen „Zivilisation") arbeitet allerdings, dank den Erkenntnissen der Psychologie und der alles umfassenden Angriffstechnik der Medien, natürlich noch weitaus effizienter. So besteht fast die gesamte Bevölkerung nur noch aus Produktions- und Konsumsklaven. Das hat es in diesem Ausmaß in der gesamten Menschheitsgeschichte noch nie gegeben.

Es kann hier nicht darum gehen, zu klagen oder anzuklagen. Doch wenn wir dieser Bedrohung der Menschheit durch die Angst etwas entgegensetzen wollen, so müssen wir uns über ihre Erscheinungsformen und Wirkungsweisen klar werden.

Welche Mittel haben wir aber, um uns gegen die Angst vor der Angst und die Liebe zur Angst zu verteidigen? Nein! – nicht verteidigen, - da bleiben wir im System der Angst. Es geht darum, dieses System einfach völlig zu verlassen.

Workshopbetrieb

Es vergeht kaum ein Wochenende, an welchem nicht in erreichbarer Entfernung irgendein Tangoworkshop abgehalten wird. Diese Workshops erfreuen sich auch allgemein sehr großer Beliebtheit: Sie bilden gewissermaßen Kristallisationspunkte innerhalb der Tangoszenen. Sie stellen ein gesellschaftliches Ereignis dar, wo man sich vielleicht eingehender kennenlernt, auch mal Zeit (in den Pausen) für einen kurzen Ratsch oder Flirt findet. Und das alles in einem Rahmen, welcher sich auch gesellschaftlicher Akzeptanz erfreut: Es geht um „Lernen" und dagegen kann doch niemand etwas haben, das muss selbst ein nicht Tango tanzender Partner oder Kinder akzeptieren. Fortbildung, Entwicklung, Fortschritt, das gehört doch zu den ganz großen Credos in unserer Gesellschaft. Und außerdem ist der Workshop auch ein Konsumartikel. Da wird Geld umgesetzt – und nicht wenig... Also, Konsum ist gut: Er steigert das Bruttosozialprodukt, davon profitieren wir doch alle, - da sind wir uns doch alle einig. Oder ?

Ich habe da einige Einwände obwohl mir klar ist, daß ich vielleicht ein ziemlicher Außenseiter bin.

Ich möchte dabei die Problematik auf eine zentrale These fokussieren: „Workshops sind gut, weil wir etwas lernen."

Dagegen scheint es zunächst keinen Einwand zu geben. Wenn ich es aber genauer betrachte, tritt immer mehr die Fragwürdigkeit dieser Aussage zutage:

„Lernen" ist in unserer Gesellschaft ein Begriff mit vorwiegend positiver Besetzung. Der Einwand, daß man etwas Falsches, Schädliches, Unsinniges lernen kann wird dabei allenfalls als unwahrscheinlicher Ausnahmefall abgetan. Der Lehrer hat in unserem hierarchischen System die Rolle des Guten, des Besseren inne. Er ist Autorität. Und diese wird zunächst fraglos akzeptiert. Freilich, daß man die Grundlagen des Tangos von einem guten Lehrer lernen muss kann gar nicht in Frage gestellt werden. Aber darum geht es hier nicht, - es geht um die Institution der Workshops.

Workshops finden statt weil bei ihnen Geld verdient wird. Das ist der Hauptgrund. Wenn dem nicht so wäre, wären sie entweder viel billiger oder auf freiwilliger Spendenbasis oder umsonst.

Wir erinnern uns: In den frühen Tangozeiten und wohl auch heute noch in den einschlägigen Kreisen in Argentinien haben die Tänzer voneinander gelernt, miteinander geübt, ... Da hat nicht ein Tänzer vom anderen Geld bekommen dafür daß er ihm eine neue Figur oder eine schräge Variante verraten hat. Es ging rein um das Interesse am Tanz und nicht um Geld, das damit verdient werden kann. Beim Workshop ist es genau umgekehrt. Da wird zuerst kassiert und dann erhält man dafür eine Unterrichtsstunde. Der Tango ist zur Ware geworden. Ist das nicht schon als Voraussetzung ein völliges Mißverstehen des Tangos? Der Tango als Instrument kapitalistischer Konsumsteigerung und des Profitstrebens? Wann gibt es endlich den garantiert naturreinen Bio-Tango mit Umweltzertifikat? (zum kaufen natürlich)

Ein Tangolehrer hat mir einmal im Vertrauen (welches ich hier leider mißbrauchen muss) gesagt: „Als Lehrer muß man den Leuten immer ein bißchen mehr beibringen, als sie aufnehmen können. Dann kommen sie wieder." Genau das ist der springende Punkt: Es geht gar nicht darum, daß die Schüler etwas lernen. Es geht nur darum, daß sie wieder kommen – und vor allem, daß sie wieder bezahlen.

Und wenn ich es nun von der anderen Seite betrachte, - was ist denn der wichtigste Lehrinhalt aller Kurse und Workshops? Es ist die Erkenntnis, daß der Schüler zwar schon ganz gut ist (das muß man ihm zugestehen, sonst ist er beleidigt und kommt nicht wieder) aber das Entscheidende ist, daß er noch vieles zu lernen hat und noch (unendlich) viele Kurseinheiten braucht. Daß er jemals so gut werden könnte wie der Lehrer ist dabei sowieso ein Ding der Unmöglichkeit.

Wenn es nun lediglich darum ginge, daß man den armen Tangolehrern, die ja schließlich von den Workshopkursen leben müssen, doch ihr Brot nicht neiden soll, möchte das wohl human erscheinen. Und das Bezahlen von etwas Geld wäre, angesichts des wohltätigen Zweckes durchaus kein großer Schaden. Tatsächlich will ich hier auch nicht die Tangolehrer verteufeln. Ich kann ihre Situation sehr wohl verstehen.

Das Problem liegt an anderer Stelle: nämlich am System. Genauer gesagt, an dem System, gegen welches gerade der Tango sich aus seinem innersten Wesen heraus aufgelehnt hat, das System der Herrschaft welches mit dem Knüppel von Furcht und Angst allgegenwärtig die heutige Welt regiert. Gerade davon sollte der Tango uns aber befreien. Genau gesehen sind die Tangolehrer, meist ohne daß ihnen dies bewusst ist, zu den Helfershelfern des Systems geworden, von welchem uns gerade der Tango befreien sollte. Und dies ist auch der Grund warum ich mich mit der Erscheinung des Workshop(un)wesens so ausführlich befasse.

Wie gesagt, der eigentliche Schaden, welchen das Workshopwesen anrichtet liegt nicht in erster Linie darin, daß hier unsinniger Weise Geld ausgegeben wird. Viel schlimmer ist, daß die Lehren der Workshops geradezu kontraproduktiv sind. Nicht die Befreiung des einzelnen durch den Tango wird hier gepredigt, sondern im Gegenteil: seine Versklavung, nämlich durch unendliche Regeln, auf was man alles achten muß, was man alles nicht tun darf u.s.w.

Und wenn ich mir anschaue, was die Leute nach einem anstrengenden Workshopwochenende wirklich „gelernt" haben und welche Fortschritte sie gemacht haben, so muß ich meistens feststellen, daß man schon froh sein muß, wenn es sich nicht um einen Rückschritt handelt. In den Kursen werden die Schüler verunsichert. Die Angst, etwas „falsch" zu machen wird zum großen Teil erst in den Workshops geschürt. Gerade das Gegenteil aber ist der eigentliche Sinn und Zweck des Tangos: Er soll uns die Sicherheit geben, einfach und entspannt die Kraft der Musik durch unseren Körper strömen zu lassen. Darin besteht die heilende Energie des Tangos, welche den Menschen in der heutigen stressgeplagten Zeit so notwendig ist. Das Workshopunwesen aber erzeugt Stress.

Warum schreibe ich das alles? – Nicht weil ich glaube, daß es deshalb weniger Workshops geben wird. Das wäre auch gar nicht wünschenswert, - liegt doch der Reiz und der Wert des Tangos in seiner grenzenlosen Vielfalt. Man muß schon einmal einen Kurs bei Sebastian Arce und Mariana Montes gemacht haben, - das ist gewissermaßen ein Statussymbol wie ein teures Auto. Und ein bisschen angeben muß man ja auch können.

Und doch kann ich mir vorstellen, daß diese Überlegungen auch dazu beitragen, daß wir den ganzen Workshopbetrieb mit etwas anderen Augen sehen.

Vor allem hoffe ich, daß diese kritische Betrachtung als letzten Endes konstruktive Kritik gesehen wird. So wäre zu wünschen, daß in der Zukunft noch mehr kleine und auf Eigeninitiativen beruhende Tango-Börsen entstehen, wo man einfach unter Freunden Kenntnisse und Erkenntnisse austauscht. Dies würde meiner Meinung nach dem Geist und der Tradition des Tangos entsprechen.

Lernen

Wenn wir die Mechanismen, welche das Workshopwesen zu einem Unwesen werden lassen, verstehen wollen, müssen wir uns mit dem Begriff „lernen" auseinandersetzen. Es gibt kaum eine Situation im Leben des Menschen in der er nicht lernt. Jede Tätigkeit, jedes Erleben vermehrt unsere Erfahrung und verändert dadurch unser Erkennen und folglich unser Agieren und Reagieren in der Welt. (Ausnahme: „Mancher lernt's nie")

Wir sprechen hier jedoch von einer besonderen Situation: dem vorsätzlichen Lernen. Man besucht einen Kurs (für den man auch bezahlt) mit dem vorgesetzten Ziel „etwas" zu lernen. Man betreibt einen Aufwand (an Zeit und Geld) und will dadurch auch ein Ergebnis, einen Erfolg verbuchen.

Das Problem liegt zunächst in unserer Erwartung. Wir erwarten „etwas" zu lernen, - eine neue Figur, einen bestimmten Stil, neuerdings auch „Musikalität" oder Haltung. Es ist richtig, daß man alle diese Dinge „lernen" kann weil es sich dabei um substantivische, benennbare Einzeldinge handelt. Doch gerade dieses Lernen der Einzeldinge ist es, was uns den Blick auf das Wesentliche im Tango verstellt. Wir erwarten, was wir gewohnt sind, erwarten zu können: nämlich etwas Konkretes. Im Kurs wird unsere Aufmerksamkeit notwendiger Weise auf ein bestimmtes Thema gelenkt, unser Blick wird zentriert und fokussiert ein jeweils ganz bestimmtes Thema. Dies ist in der Anfangszeit unseres Tangolebens auch durchaus notwendig. Die grundsätzlichen Regeln und Techniken kann man tatsächlich nur so erlernen.

Nun wenden sich die meisten Kurse und Workshops jedoch vorwiegend an „Fortgeschrittene" und da sieht die Sache gleich ganz anders aus: Wer nämlich die Grundlagen beherrscht wird durch Kurse nicht wirklich weitergeführt. Daß er Fortschritte macht, wird ihm zwar durch die Kurse und vor allem durch sein immenses Bemühen suggeriert, denn für irgend etwas muss der ganze Aufwand ja gut sein.

Für den, der die Grundlagen beherrscht ist das Verharren im Lernen von Einzeldingen geradezu kontraproduktiv. In diesem Stadium geht es nämlich nicht mehr darum, den Blick auf ein Einzelnes zu konzentrieren. Man kann dann nämlich vor lauter Bäumen den Wald nicht sehen. Das Gegenteil ist notwendig: den Blick zu weiten. Man muss die gelernten Einzeldinge los lassen, sie (wieder) vergessen. Solange das Auge gespannt ist, fokussiert, sieht es nur den Einzelbaum, - erst wenn es sich entspannt und keine bestimmte Schärfe mehr anstrebt, erst dann ist es im Stande, den Wald als ganzes, als organische Einheit, in seinem ganzen Reichtum und nicht mehr nur in einer aus vielen Einzelteilen zusammengesetzten Vielfalt zu sehen.

Dasselbe gilt für den Tango: Erst wenn wir die Einzelfigur, die „richtige" Armhaltung, etc... nicht mehr bewußt machen, uns nicht mehr um sie bemühen, sie nicht mehr kontrollieren, dann erst beginnt der eigentliche Tango. Dann erst sind wir in der Lage, die Musik frei durch unseren Körper strömen zu lassen. Erst wenn wir nicht mehr durch die Sorge um „richtig" und „falsch" gebunden sind, erst wenn diese Sorge wie eine Fessel von uns abgefallen ist, dann erst sind wir bereit, die diesseitige Welt mit allen ihren Sorgen und Ängsten zu verlassen. Und dies ist (abgesehen von schamanischen Praktiken) als Paar in der Vereinigung von Mann und Frau nur im Tango möglich.

Dies ist der Punkt wo der Tango transzendental wird, das heißt, wo wir die Schwelle zwischen den Welten überschreiten können. Daß wir diesen Punkt erreichen, das ist das eigentliche Ziel, der eigentliche

Sinn des Tangos.

Zu verhindern, daß wir diesen Punkt erreichen, ist das eigentliche Ziel der Workshops: denn wenn wir ihn erreicht haben dann brauchen wir keine Workshops mehr. Dies ist auch der Grund dafür, daß die Aufmerksamkeit des Schülers praktisch ausschließlich auf alle möglichen Einzelthemen fokussiert wird. So bekommt er nie die Chance, den Tango als Ganzes zu sehen und zu erleben - zu erleben, welche Freiheit uns der Tango wirklich zu schenken vermag. Freilich ist dieses Wissen um die Freiheit als Traum, als Ahnung oder Hoffnung bei den meisten schon irgendwie, mehr oder weniger, vorhanden. Aber für jemanden, für den die Ahnung dieser Freiheit zum gewissen und sicheren Erlebnis geworden ist, für den ist ein Workshop durchaus entbehrlich. Ja, erst aus dieser Erkenntnis heraus wird es klar, wie sehr die Schüler durch die Fokussierung auf Einzelthemen geblendet, verblendet werden und wie schwer es ist, sich von dieser Verblendung zu befreien. Das Wort „es fällt einem wie Schuppen von den Augen" ist hier sehr zutreffend.

Und wenn ich das Wort „Frauentechnik" höre, so muß ich unwillkürlich an Charlie Chaplin denken, wie er sich in den „Modernen Zeiten" mit seinem Schraubenschlüssel an den Brüsten der Frauen zu schaffen macht... - ein zynisches aber durchaus treffendes Bild für das Denken in unserer Gesellschaft.

Daß diese Mechanismen so schwer zu entlarven sind, hat verschiedene Gründe. Einer davon ist:

Man wird selten von jemandem, der an einem Workshop teilgenommen hat, hören, daß dies erfolglos, umsonst gewesen sei. Das sogenannte „positive Denken" spielt uns hier ganz erstaunliche Streiche. Der Erfolg, den wir erwartet haben, wollen wir vor allem angesichts des Aufwandes, welchen wir betrieben haben, nicht leugnen. Und dies auch dann, wenn das Ergebnis unserer Bemühung ein Mißerfolg war oder gar einen Rückschlag bedeutet. Das können wir vor den anderen und vor allem vor uns selbst nicht eingestehen. Und dann ist man ja auch immer in zahlreicher Gesellschaft, wer will da schon die allgemeine gute Laune verderben? – Das schickt sich einfach nicht.

Tanda, Cortina & Co.

An der Frage, ob man eine Milonga mit Tandas und Cortinas strukturiert oder nicht, scheiden sich die Geister in der heutigen Tangowelt.
Und wenn wir es statisisch betrachten sind derzeit vielleicht die Be-
fürworter von Tanda und Cortina in der Mehrheit,- zumindest unter
den Organisatoren. Und es ist klar: Die Mehrheit ist immer da wo die
Mehrheit ist. Dies gilt natürlich auch für den Tango, - auch wenn die
Tangogemeinde im Rahmen der Gesellschaft nicht gerade eine Mehrheit darstellt. Der Herdentrieb ist wohl schon eine Art Urinstinkt.

Nun mag es vor einhundert Jahren in Argentinien durchaus Gründe
für die Einführung des Tanda-Systems, mit den ständigen Unterbre-
chungen durch Cortinas gegeben haben. Ein Grund war sicherlich,
daß in der Unterschicht-Gesellschaft, in welcher den Milongueros und
Compadres die Messer oft nur allzu locker saßen, durch die Tanda -
Regelung einiges unnötige Blutvergießen vermieden worden ist. Und
um die zu wenigen Frauen mußten sich die Männer damals vielleicht
wirklich prügeln. Es wäre eine Aufgabe für einen Rechtshistoriker,
herauszufinden, inwieweit das Tanda-System nicht überhaupt auf
polizeilichen Rechtsverordnungen beruhte. Aber auch die kirchliche
Autorität mag im katholischen Argentinien hier entscheidend mitgewirkt haben. Schließlich wurde der Tango sogar von einem Papst,-
ich glaube, es war Pius X., - sanktioniert. Da verwundert es nicht, wenn die
verklemmte Geschlechtertrennung des bigottischen 19. Jahrhunderts
selbst in diesen Kreisen, zumindest formal demonstrativ praktiziert
wurde.

Wenn wir die Angelegenheit historisch betrachten, so können wir also
durchaus verstehen, warum solche Regelungen eingeführt wurden.
Anders sieht es dagegen aus, wenn wir die heutige Situation betrachten: Welchen Sinn kann die Anwendung des Tanda-Cortina-Systems
bei uns heute haben? Auf diese Frage hört man verschiedene Ant-

worten:

1."Das Tanda-Cortina-System gehört zur Tradition des argentinischen Tangos."

Hier stellt sich zum Einen die Frage was denn die Ursachen für diese "Tradition" waren und zum anderen, ob diese Ursachen heute noch relevant sind. Diese Frage wird meistens nicht gestellt, weil es den Befürwortern dieser These nicht um den Sinn oder die Fragwürdigkeit einer Tradition geht. Sie lieben die Tradition um ihrer selbst willen. Dies ist das Merkmal aller echten Traditionalisten. Man hält sich an die Bräuche der Vergangenheit weil sie anscheinend Sicherheit gewähren: immerhin haben sie sich schon so lange gehalten ohne daß die Welt untergegangen ist... und Änderungen sind doch immer etwas Ungeheueres. Mit sehr gutem Willen kann man diese Haltung vielleicht verstehen. Und ich finde, man sollte diesen Leuten durchaus das Recht zugestehen, ihre "Traditionen" in eigenen Zirkeln, - vielleicht sogar in einem christlichen Rahmen (z.B. in einem Veteranenverein oder katholischen Männerbund) nach Herzenslust zu pflegen. Von der Freiheit, die uns der Tango zu geben vermag, bleibt dabei aber, -und das spüre ich fast auf jeder Milonga mit Tandas und Cortinas, - der beste Teil auf der Strecke.

2. "Das Tanda-Cortina-System erhöht die Chancen mancher Frauen, aufgefordert zu werden."

Dies trifft vor allem zu mit Männern, die höchstens bis drei zählen können. Männern, die bis vier zählen können fällt es mit und ohne Cortina nicht unbedingt schwer nach dem vierten Tanz die Partnerin zu wechseln. Und manchmal gibt es auch Gründe, die Partnerin nach vier Tänzen nicht zu wechseln. Wozu braucht man da einen Anstandswauwau in Form eines Diskjockeys? Es stellt sich da einfach die Frage, ob der Tango ein Tanz ist, bei dem in erster Linie Recht und Ordnung exerziert werden soll.

3. "Im Tanda-Cortina-System weiß man immer welcher Art (Tango, Milonga, Vals, ...) die nächsten Tänze sein werden."

Dieses Argument scheint mir vor allem relevant zu sein für Leute die rechtzeitig eine Beerdigungsversicherung abgeschlossen und auch den Sarg schon ausgesucht haben, in dem sie in ihrer kleinkarierten Ewigkeit ruhen wollen. Inwiefern dieses Argument für den Tango, der unsere Spontaneität in jedem Hier und Jetzt bis zum Äußersten herausfordert, Gültigkeit haben soll, ist mir ein unlösbares Rätsel.

4. *"Eine Milonga im Tanda-Cortina-System ist klar und übersichtlich strukturiert."*

Klingt echt positiv. Das ist das Argument der Leute die keine Überraschungen lieben. Ich frage mich nur, was die beim Tango suchen? Wenn einen ganzen Abend lang immer dasselbe Schema abgespult wird, wie soll da eine musikalische oder gar poetische Linie entstehen, - noch dazu wenn nach jedem vierten Tanz das Ganze abrupt unterbrochen wird? Wie soll so ein Abend ein ganzheitliches , erfüllendes Erlebnis werden? Wo bleibt da die Einstimmung, die Aufwärmphase, die Steigerung, der Höhepunkt, das Aus- und Abklingen? ...

Richtig: die meisten Milongas sind heute so: vier Tangos, vier Milongas, vier Valses, vier Tangos, vier Milongas, vier Valses ... irgendwann hört's dann auf weils ja schon spät ist (Blick auf die Uhr).

Und natürlich will man auch vorher schon wissen welcher Musikstil an dem oder jenem Ort geboten wird: nur traditionell oder nur neo oder techno, oder... Sicherheit geht einfach über alles. Das Schema muss erfüllt werden.

Und die meisten nehmen es einfach so hin weil's ja immer so war, weil's fast überall so ist, weil's alle mitmachen (und das ist immer die Mehrheit ...) da will man doch nicht unangenehm auffallen... und so machen alle immer wieder etwas mit, was sie eigentlich wirklich nicht wollten oder suchten. Denn was ist der Tango? Was suchen wir im Tango? Ist es wirklich die altehrwürdige Tradition oder Recht und Ordnung oder die Sicherheit des immer schon vorher gewussten? Ist es das, was uns der Tango lehrt?

Tango als magisches Ritual des Eros

Zunächst wollen wir versuchen, den Tango aus seiner Entstehungsgeschichte heraus zu betrachten und ihn von seinen Wurzeln her zu verstehen:

Der Tango ist entstanden als ein Tanz der Unterdrückten, der Entrechteten, der Heimatlosen, der Ausgebeuteten, und Hoffnungslosen. Diese Menschen bildeten die unterste Schicht der menschlichen Gesellschaft. Sie lebten außerhalb der bürgerlichen Gesellschaft, in der sie keinen Platz fanden.

In unserer heutigen, zivilisierten Welt ist der Tanz allgemein (Gesellschaftstanz) etwas geworden, was er ursprünglich nicht war: Der Tanz ist im landläufigen Sinne heute ein Zeitvertreib, eine Unterhaltung, eine Möglichkeit zum Flirt oder auch nur zur Demonstration oder Darstellung der gesellschaftlichen Position, des Ranges, ...

Der Tango ist entstanden in einer Zeit, da der Tanz bei Naturvölkern noch in einer gänzlich anderen Funktion lebendig war: Der Tanz bildete hier ein magisches Ritual im Rahmen eines Kultes. Der Kult bildete den Rahmen, ja mehr noch den eigentlichen Körper des Lebens einer Volks- oder genauer, Stammesgemeinschaft. Im Kult waren alle Ereignisse des Lebens inbegriffen: Geburt und Tod, die wichtigen Ereignisse des Lebens wie Zeugung, Krankheit, Arbeit (die hier nicht als Gegensatz zu Freizeit mißverstanden werden darf), Feiern und Feste, auch der Tod, - dies alles war in einem ganzheitlichen Lebensbild untrennbar vereint. Und jedes Ereignis, jede Tätigkeit war im Kult mit allen anderen magisch verbunden. Die magische Verbindung war das unsichtbare Band, welches die Ereignisse miteinander verknüpfte. Und der Ritus oder das Ritual machte diese Verbindung sichtbar und im sinnlich erlebten Dasein wirksam.

Der Tanz wie auch der Gesang, und im Grunde alle Tätigkeiten brachten die geistigen Kräfte, Wesenheiten, Energien als sinnlich erfahrbare Wirklichkeit ins Leben. Das Weltbild war hier ein wesentlich magisches: Der Mensch war in seinem Dasein, in seinem Tun eingebunden in das kosmische Geschehen. Das Tun der Menschen war eigentlich eine Anrufung, eine Beschwörung, eine Bitte an die übersinnlichen, übermenschlichen Wesenheiten, daß sie im Leben der Menschen sich verwirklichen möchten. Dies war nur möglich, weil die Menschen in den Naturvölkern noch nicht korrumpiert waren vom jüdisch-christlichen Sendungsauftrag „Macht euch die Erde untertan".

So gab es Tänze, welche die Fruchtbarkeit bei Mensch, Tier und Pflanzen, oder auch solche, die das Gelingen einer bestimmten Handlung bewirkten (eines Kriegzuges, einer Rodung, der Herstellung verschiedenster Dinge, aber auch der Zeugung und von Geburt und Tod). Es waren dies Tänze, welche die einzelnen Ereignisse des Lebens harmonisch ins Ganze des Weltgeschehens integrierten. Der Mensch wusste welchen Platz er im Naturganzen inne hatte.
So hatte der Tanz eine zweifache Funktion:
Einmal die, die Menschen auf einen bestimmten Bereich einzustimmen. Man trat in den magischen Bereich einer Macht oder Gottheit ein.
Zum Anderen die Beschwörung dieser Macht mit dem Ziel eine Harmonisierung der Menschenwelt mit der jeweils zuständigen göttlichen oder übersinnlichen Macht oder auch mit der Natur als Ganzes herbeizurufen.
Uns heutigen, „zivilisierten" Menschen sind derartige Gedankengänge und Zusammenhänge völlig fremd geworden. Bestenfalls können wir uns aus den Märchen unserer Kindheit, falls es solche dort noch gegeben hat, an einzelne (und auch hier oft schon stark entstellte) Spuren dieses magischen Weltbildes erinnern. Zum Beispiel in Märchen, die mit den Worten „In Zeiten, als das Wünschen noch geholfen hat ..." beginnen.
Wir führen den Gedankengang, der hier weiter zu verfolgen wäre, nämlich um die Eigenart und Bewertung eines analogen Weltbildes im Gegensatz zu einem rationalen, wie es unsere heutige Welt beherrscht, nicht weiter und kehren zu unserem eigentlichen Thema zurück.
Eine der Wurzeln des argentinischen Tangos liegt in der Kultur Afri-

Magnus Angermeier: "Tango Abrazo", 2007, Bronze, h: 21,5 cm

kas. Diese Abstammung von den afrikanischen Kulturen, in welchen das magische Weltbild bis heute wirksam ist, wirkt auch im Tango bis heute. Das ist auch der Grund dafür, daß der Tango, wenn er richtig verstanden wird, weit mehr als nur ein angenehmer gesellschaftlicher Zeitvertreib ist.

Der Tango ist seinem Wesen nach ein magisches Ritual. Und als solches ist er die Beschwörung des Eros. Er ist die Beschwörung der erotischen Kraft und Leidenschaft. Dabei geht es um die Spannung zwischen den Geschlechtern wobei das gesamte Spannungsfeld geschlechtlicher Beziehungen thematisiert wird. Im Tango verkörpert sich reine Erotik als Lust und Leidenschaft. Dies muß man genau unterscheiden von der „erlaubten" Erotik als Voraussetzung für die Reproduktion der Menschheit. Das letztere wäre für die Hierarchie in der abendländisch-christlichen Gesellschaft ja noch akzeptabel. Die reine Erotik als Lust und Leidenschaft jedoch wird seit Jahrhunderten bei uns diffamiert, verfolgt, verteufelt. Warum ist das so ?
Weil in der Erotik, im Geschlechtsakt (dieses Wort wurde von der „wissenschaftlichen" verklemmten, antierotischen Propaganda geprägt) der Mensch den magischen Bereich von Zeugung, Geburt und Tod betritt. Wer diesen Bereich betritt verliert seine Angst vor diesem Bereich. Und das wiederum ist für unsere überkommenen Herrschaftsstrukturen die größtmögliche Bedrohung. Denn ihre Herrschaft beruht auf der Angst vor dem Tod. Die Angst vor dem Tod tritt in den vielfältigsten Formen auf: Die Angst vor der Hölle, dem „Fegefeuer", die Angst vor allen möglichen Leiden, den Krankheiten, der Armut, kurz alles wogegen es Versicherungen gibt, oder auch nicht...
Der Tango gibt uns die Möglichkeit, den Bereich der Angst zu verlassen. Wir treten ein in den Bereich des Seins. Dort sind wir den materiellen Bedrängnissen enthoben. Alle Ängste und Sorgen der Welt fallen von uns ab. Dies ist ein Geheimnis, das nur die kennen, die dort eingetreten sind. Die Droge, die uns diesen Eintritt ermöglicht ist die Musik. Wenn wir die Titel zum Beispiel von Piazzollas Tangos betrachten, so ist dies hier auch ganz deutlich ausgesprochen. Man

kann gängige Drogen zwar mit mehr oder weniger fadenscheinigen Argumenten und einem gewissen Erfolg verbieten. Aber wer wollte die Musik von Gardel, Hugo Diaz oder Piazzolla verbieten? Da wären auch Mozart und Beethoven in Gefahr...

Der Tango ist das magische Ritual, in dem die Droge der Musik in Zeit und Raum zur Wirkung gebracht werden kann.

Gerhard Doppelhammer:"Tango Pasión" 2010, Acryl/Leinwand, 95/120 cm

Tango und die Politik der Herrschaft

So gesehen hat der Tango eine politische Brisanz von enormer Wirkung: Er macht die Mechanismen der herrschenden Mächte transparent und bietet die Mittel, sie auf breiter Ebene zu neutralisieren. Darin lag auch der Grund für die Entstehung und Entwicklung des Tangos überhaupt:

Die Beherrschten, Unterdrückten, Ausgebeuteten, ... haben im Tango ein Mittel gefunden, die Ungerechtigkeit in der Welt aufzulösen. Und dieses Mittel konnte angewandt werden, weil es magische Mechanismen zur Anwendung brachte, welche im Weltbild der Unterdrücker keinen realistischen Stellenwert haben konnten. So hat auch der Papst (Pius X. ?) den Tango als gesellschaftsfähigen Tanz sanktioniert nachdem er eine Vorführung mit eigenen Augen gesehen hatte. Hätte er selbst getanzt, hätte er ihn wahrscheinlich verboten oder er wäre, was mir wahrscheinlicher scheint, ehrlicher Weise aus der Kirche ausgetreten.

Worauf beruht nun die politische Wirksamkeit des Tangos?

Vermutlich in seiner Absichtslosigkeit. Unter Tanguerasos wird bei einer Milonga , aber auch sonst, über Politik praktisch nicht gesprochen. Der Grund dafür könnte sein, daß im Tango die Oberflächlichkeit und die Leere, welche das politische Geschehen prägt, entlarvt wird. In der Politik wird der Kampf um die materielle Herrschaft in der Welt ausgetragen. Es geht ausschließlich um Geld und Macht. Idealistische, das heißt vor allem ökologische Argumente werden nur dann angeführt, wenn es auf einer demokratischen Bühne oportun erscheint, weil es weniger kostet als einen Aufstand niederzuschlagen. Alle Umweltgipfel, auf denen die Marionetten der Mächtigen agieren, zeigen dies immer wieder auf eindrucksvolle Weise.

Der Tango verfolgt keine politischen Ziele welcher Art auch immer. Aber möglicherweise wirkt er politisch oder besser gesagt: gesellschaftlich. Der Tango ist politisch-gesellschaftlich nicht aggressiv, - eher defensiv. Die Hinwendung der Menschen zum Tango erfolgt nicht mit einem Ziel auf etwas hin. Die modernen Gesellschaften stürzen die Menschen in Vereinsamung und vielfältige Ängste die sich wie in einem Teufelskreis in zunehmendem Maße immer schneller vermehren.

In dieser Not bietet der Tango den Menschen eine, und vielleicht die wirksamste Hilfe, die sie in dieser trostlosen Welt finden können. Denn der Tango beweist den Menschen, daß das Leben nicht ausschließlich in der materialistischen Welt von Politik, Ausbeutung und Konsum besteht. Vielmehr tut sich hier das weite Feld der immateriellen seelischen Bereiche auf, in welchen das Leben so wie es eigentlich sein muß, ohne Zwänge und Ängste pulsieren kann. Diese Überzeugungskraft besitzt der Tango weil er ein Instrument, eine Technik ist, welche es den Menschen ermöglicht, die Bewußtseinsebene zu wechseln ohne daß dabei Nebenwirkungen auftreten. Alle wirklichen Tanguerosas können das bezeugen. Der Tango ist somit eine Therapie, welche den Menschen immun macht gegen die Angriffe einer herrschaftsorientierten Gesellschaft. Tanguerosas sind Menschen die durch den Tango den Mut und die Ausdauer finden, ihren Platz in einer weitgehend bedrohlichen Umwelt zu behaupten. Das ist auch der Grund, warum bei Milongas fast ausnahmslos eine gute Atmosphäre herrscht, die allen Kraft und Energie schenkt. Der Tango ist nicht nur eine Therapie, er ist auch ein Lebenselixier.

Anarchotango

Wir haben nun gesehen, daß der Tango zwar keine politischen Ziele verfolgt aber dennoch in der gesellschaftlichen Entwicklung durchaus wirksam sein kann. Und gerade weil er nicht aggressiv ist, bietet er wenig Angriffsfläche.

Der friedliche, eher defensive Charakter der weltweiten Tangobewegung ist vielleicht ihr wichtigstes Merkmal. Im Grunde geht es im Tango um die Abwendung von den Strategieen von Macht und Herrschaft. Der Macho-Gedanke oder das Macho-Bild stellt hier eher eine historische Reminiscenz aus dem Argentinien des beginnenden

20. Jahrhunderts dar. (auch wenn genderbegeisterte Feministinnen noch immer gern auf diesem Bild herumreiten). Aber in Wirklichkeit wird doch bei jeder Milonga sichtbar wie sehr Männer und Frauen gegenseitig aufeinander angewiesen sind.

Diese Abwendung von den Strategieen von Macht und Herrschaft bezeichnen wir mit dem Begriff anarchisch. Dies ist nicht zu verwechseln mit anarchistisch, was eher auf eine Ideologisierung und Politisierung hinweisen würde. Das Anarchistische birgt nämlich Ziele in sich, welche ins Chaos, in die Unordnung führen. Der Anarchist bekämpft die überkommenen Herrschaftsstrukturen, der Anarch läßt sie einfach weg. Für den Anarchisten muß die Ordnung aufgelöst werden weil sie für ihn das Hauptinstrument der jeweils Herrschenden darstellt. Dies zeugt von einem etwas engen, eben politischen Denken. Für den Anarchen ist Ordnung nicht notwendig an Herrschaft und zwar materialistische Herrschaft gebunden. Zwar gibt es immer Strukturen, nach welchen sich ein System organisiert, doch wäre es denkbar und für die Menschheit als Ganzes wünschenswert, daß diese nicht von Autoritäten geprägt werden, welche auf materieller Herrschaft beruhen. Ernst Jünger hat diese Problematik ausführlicher erörtert.

Auch für die innere Struktur des Tangos und der Tangogesellschaft sind diese Gedanken von Bedeutung. Dies wirkt sich vor allem aus auf Fragen des Tanzstils und der Organisation von Veranstaltungen wie Milongas, Bälle, Workshops, etc.. aus:

Daß der Tango eine anarchische Bewegung ist zeigt sich an der reichen Vielfalt von Formen in welchen der Tango in der Welt erscheint. Wir finden Milongas, welche sich streng an das klassische, argentinische Schema halten mit ausgeprägten Tandas und Cortinas und allen Regeln, die dazu gehören. Das andere Extrem bilden reine Neotangoveranstaltungen, die eher den Anschein einer Disco erwecken. Dazwischen gibt es eine breites Feld an gemischten Milongas, wo musikalisch alles gespielt werden kann was tanzbar ist. Auch die Cortinas und klassischen Tandas erweisen sich hier oft als nicht mehr zeit- und gesellschaftsgemäß, einfach weil z.B. Eschelberg 2010 etwas anderes ist als Buenos Aires 1910. Hier sind auch die Finnen zu erwähnen, die eine ihrem Temperament ganz angemessene spezielle Tangokultur entwickelt haben. Daß wir trotz dieser vielen Ausbildungen regionaler Sonderformen uns in allen Tangoszenen der Welt immer heimisch fühlen können, das ist das Wunderbare am Tango. Dies zeichnet den Tango aus als ein anarchisches System, welches, beruhend auf den wenigen Regeln von Gehen, Drehen, Führung und Achse, es allen Menschen, welche diese Regeln beherrschen, ermöglicht, immer und überall miteinander zu tanzen. Die Freiheit ist hier wirklich grenzenlos.

Stilfragen

Ganz besonders kommt der anarchische Charakter und die Freiheit und Universalität des Tangos zum Tragen bei der Entwicklung der verschiedensten Tanzstile. Diese werden geprägt zum Einen von regionalen Eigenheiten und Mentalitäten aber auch von Lehrerpersönlichkeiten, und nicht zuletzt von der individuellen Eigenart des Tänzers und der Tänzerin, ihren Möglichkeiten und Bedürfnissen. Ja, dies erscheint mir das Wesentliche überhaupt bei der Entwicklung eines Tanzstiles zu sein:

Wenn wir die Grundlagen des Tangotanzes gelernt haben und wirklich beherrschen, dann erst können wir uns auf den Weg machen, unseren eigenen Stil zu finden. Hier beginnt das Abenteuer. Wir können entdecken wer wir sind, oder besser, wer wir sein können. Hier können wir ausloten, welche Eigenschaften besonders die unseren sind, - wie wir sie im Wechselspiel mit verschiedensten Partnern ausspielen und genießen können. Oder auch Qualitäten entdecken, die wir zunächst gar nicht vermutet hätten. Wir können Bereiche erforschen, die zwar nicht unsere eigentlichen sind, deren Erschließung uns aber überhaupt neue Perspektiven auf das Leben eröffnet.

Weil das so ist kann man auch keine allgemeingültigen Bewertungen oder Empfehlungen für die Entwicklung eines Stiles geben. Und das ist gut so. Trotzdem möchte ich hier meine eigenen Erfahrungen und die damit zusammen hängenden Überlegungen aufzeichnen:

Mein Stil

Es geht für mich beim Tango nicht darum, Höflichkeiten auszu-
tauschen, - nicht darum, daß ein Rührmichnichtan das andere schont
und ihm ja nicht zu nahe kommt.
Nein: Der Tango muß brennen, er muß anarchisch sein, er muß die
Freiheit lieben. In der Musik des Tangos muß er die Körper durch-
fließen als ein Strom der Kraft. So vereint er die Körper. Das gibt uns
die Kraft.
Das ist nicht zu verwechseln mit Brutalität. Diese Unterscheidung
zwischen Kraft und Brutalität will gekonnt sein. Natürlich kann sich
die Kraft auch brutal äußern und manchmal ist dies geradezu notwendig. Aber das dürfen nur die Spitzen sein auf einer Skala, welche
von zärtlichster Hingabe bis eben zur Brutalität reicht.

Brutalität und Hingabe, - das sind die Energieen von Mars und Venus,
- können auf vielerlei Weise zum Ausdruck kommen. Ein gravierender
Unterschied besteht hier z.B. beim engen und weiten Tanzstil: Ich
kann eng ganz zärtlich führen, aber auch brutal, besitzergreifend,
geradezu klammernd, - beides wird von Frauen geschätzt, wobei sich
individuell natürlich verschiedene Präferenzen zeigen. Genauso kann
ich in einer weiten, offenen Führung in einer Moulinete ein langsames
lyrisches Schweben erzeugen aber auch die Frau in eine rasante zen-
trifugale Explosion schleudern. Zwischen diesen Extremen gibt es
natürlich viele Zwischenstufen und Kombinationen der verschiedenen
seelischen Ausdrucksarten.

Das entscheidende ist: man muß alle diese Möglichkeiten kennen,
aber man darf sie im Tanz nicht vom Kopf her bestimmen, sondern
man muß sich von der Musik in sie hineinführen lassen. Das heißt
nicht, daß man wartet, ob oder daß etwas passiert, sondern daß man
ganz bereit ist, sich der Musik hinzugeben. Dies gilt grundsätzlich für
die Frau aber, was die Führung anbelangt, eigentlich noch mehr für
den Mann.

Wichtig ist auch die Körperspannung. Die Anspannung der Muskeln, im ganzen oder in Teilen des Körpers, die der Mann in der Führung in den Tanz einbringt. Der Rhythmus oder der Wechsel von Anspannung und Entspannung ist ganz wesentlich dafür, daß ich als Mann die Frau auf die untere Bewußtseinsebene der Musik, des Unbewußten, mitnehmen kann. Auch die Geschwindigkeit in der Änderung von Spannungen spielt eine wichtige Rolle. Dabei gibt es Situationen, wo ich die Ironie oder den Humor spielen lassen muß, einfach um möglicherweise herrschende Verhärtungen oder Blockaden zu lösen. Erst dann ist die Frau bereit sich mir und der Musik vorbehaltlos hinzugeben. Es erscheint nun theoretisch sehr komplex, auf alle diese Dinge zu achten. In der Praxis ist es aber eine reine Frage der Routine, daß durch meinen Körper alle diese Mittel ins Spiel kommen. Man kann das nicht in ein oder zwei Stunden verstandesmäßig lernen oder auch nur von diesen hier geschriebenen Worten mit dem Kopf verstehen. Man muß es einfach lange Zeit, - sagen wir 500 mal machen.

Die Körperspannung kommt natürlich vor allem im Kontakt der Körper zum Ausdruck. Der Rumpf, die Arme, die Beine aber auch die Hände und Füße, mein ganzer Organismus ist in Kontakt mit dem ganzen Organismus der Frau.

Der Druck meines Schenkels gegen den ihren, das Greifen der Hand oder eine Lockerung, eine Drehung, - meine Hand auf ihrem Schulterblatt, die ich auf die Taille gleiten lasse, die ich in einem Stopp fest umfasse, wo ich spüre, wie sie den Bauchmuskel spannt, mein Fuß an dem ihren in einer Barrida, und ihrer an meinem Schienbein, welche Zärtlichkeiten, welches Zupacken, - und dann der Atem in einer gedehnten Fermate oder einem scharfen break, wenn die Zeit stehen bleibt, - das Schlagen ihres Herzens an meinem Herzen im Ausklingenlassen eines Liedes ...

Die Voraussetzung für alle diese Seligkeiten ist die Überwindung der Kontaktängste. Erst wenn wir beide, die Frau und ich, uns mit Leib und Seele, mit Haut und Haaren hingeben ist diese Vereinigung möglich. Frauen sprechen oft von einem Gefühl zu sein „wie im Himmel". Ich empfinde es eher als ein Sein in der Unterwelt: losgelöst von den konventionellen, egozentrierten Identitäten, - frei von allen Sorgen und Ängsten dieser Welt, frei von Zeit und Raum, - im Licht des unterweltlichen Gegenlichts, im Reich von Liebe und Tod. Das ist der eigentliche Ort des Tangos.

Das ganze gezierte Getue, das man auf so vielen Milongas sieht, das gekünstelte mit-den-Füßen-Scharren, das unechte Gezirpe, das eitle Getue, das Sich-beweisen-wollen eines oft nicht einmal vorhandenen Intellekts ist mir zuwider, ist lauter Kopf-shit. Und davon, glaube ich, müssen wir uns befreien. Überhaupt ist der Kopf, das Denken unsere größte Behinderung beim Tanzen. Wirklicher Tango ist erst, wenn wir den Kopf völlig ausschalten können. Eigentlich ist das kein Ausschalten im aktiven Sinne, - daß wir etwas tun, - es ist vielmehr ein gar nicht ans Denken denken, - das Denken einfach weglassen. Erst dann kann uns die Musik durchströmen – ohne Behinderung, ohne Barrieren. Erst dann sind wir in der völligen Hingabe.

Warum können wir nicht einfach sein ? Einfach in der Musik ? Warum müssen wir eine Überlegenheit vorspielen die wir gar nicht haben? Gerade davon soll uns der Tango doch befreien! Was wir im Tango leben können ist kraftvolle Autentizität und Leidenschaft.

Das Nicht-Denken ist gerade für uns christlich-abendländische Menschen mit unserer intellektuell-rationalistischen Schulung von klein auf das, was uns als das allerschwerste erscheint. Gerade diese Fähigkeit des Nicht - Denkens ist es aber, welche unser gesamtes Leben immens erleichtern würde. Der Tango bietet uns eine Möglichkeit für einen relativ leichten Einstieg in diese Weise des in-der-Welt-Seins. Ich will damit nicht sagen, daß man gar nicht mehr denken sollte oder auch nur könnte. Viele Erkenntnisse kommen aus dem Denken. Aber auch viele Erkenntnisse kommen aus dem Nicht-Denken.

Rollentausch

Wenn Männer die Frauenrolle und Frauen den Männerpart tanzen so wird dies oft als das Ausleben einer Abweichung von der bürgerlichen Norm betrachtet. Meiner Erfahrung nach ist dies allerdings selten der Fall und wenn, so scheint mir das durchaus dem Freiheitsbewusstsein des Tangos angemessen. Es geht dabei darum, daß Menschen sich psychisch dem jeweils anderen Geschlecht zugehörig fühlen, als dem, welchem sie physiologisch angehören. Dieser Komplex bedürfte ei-ner eigenen Abhandlung und Magali Saikin hat sich mit diesem Thema ja auch schon in ihrer Doktorarbeit ausführlich auseinandergesetzt. Da dieses Thema nur relativ wenige aktiv betrifft, geht es mir hier jedoch nicht darum. Vielmehr will ich hier vom Rollentausch von, - ich nenne es hier „normalgeschlechtlichen" sprechen: vom Rollentausch zu Übungszwecken und zur Erweiterung der Erfahrung und des Bewusstseins.
Es ist für mich als Mann immer wieder überraschend und ein ganz besonderes Erlebnis wenn ich beim Tango in die Rolle der Frau

schlüpfe. Erst dabei wird mir vorstellbar, wie eine Frau das Geführt-werden empfinden und aufnehmen kann.

Dabei muß ich zunächst versuchen, mich, so gut ich kann, in die Rolle der Frau einzufühlen: Ich muß den Willen aufgeben und die Hingabe annehmen. Ich muß die Augen schließen und versuchen, mich der Führung des männlichen Parts ohne alle Eigenwilligkeit hinzugeben. Ich muß herausfinden, was das heißt: „gespannte Lockerheit", - gegenwärtig zu sein ohne Absicht.

Wenn es mir gelingt, mich als Mann so in die Rolle der Frau zu finden, so kann ich dabei sehr viel lernen, was mir sonst niemand mit dieser Ausführlichkeit vermitteln könnte. Ich lerne, zu spüren, wie die Frau die verschiedensten Führungsstile empfindet. Wie sich ein harter, rechthaberischer Stil anfühlt, - ein weicher, vorsichtiger, unsicherer, oft zaudernder Stil,- wie es auf eine Frau wirkt, wenn der Mann sie in seiner Eitelkeit mit seinern Figurenkenntnissen beeindrucken will und dabei nur verrät, daß er weit davon entfernt ist, sein Denken aufgeben zu können und in der Musik zu sein. Oder ob er nur darum bemüht ist, es der Frau "angenehm" zu machen, sie zu verwöhnen (wobei er natürlich wissen müßte, was der jeweiligen Frau angenehm ist, -was sehr verschieden sein kann). Die ganze Bandbreite der psychologischen Situationen in allen Varianten und Kombinationen wird hier spürbar.

Das Wesentliche scheint mir jedoch, wie weit der, der die Männerrolle tanzt, fähig ist, sich seinerseits der Musik hinzugeben, in der Musik zu schwingen und dabei die Frau in dieses Schwingen mit hinein zu nehmen, mit zu führen.

Wenn ich als Mann all dies direkt erfahren kann, so bedeutet das für mich, für mein Tanzen, meinen Führungsstil eine große Bereicherung. Mein Gespür für das weite Repertoire an Formen, Nuancen und Ausprägungen wird mir dabei erst bewußt und ich bin dann viel besser in der Lage, dies auch im Tanz als Mann in der Männerrolle ins Spiel zu bringen. Dies wird von den Frauen hoch geschätzt.

Es wäre dabei auch zu erwähnen, daß die (frühen) argentinischen Milongueros, - nicht so sehr, weil sie schwul waren, sondern einfach aus

Frauenmangel, sich in beiden Rollen geübt haben. Vielleicht erklärt dies auch den hohen Grad an Musikalität und Einfühlung, dem sie ihr Charisma verdankten.

Für die Frauen gilt umgekehrt ein Ähnliches: Sie werden, wenn sie die Männerrolle übernehmen, lernen, was es heißt sich einerseits der Musik hinzugeben, andererseits in der Führung flüssig und überzeugend zu sein, dabei noch auf die Eigenarten, Vorlieben, Fähigkeiten der jeweiligen Partnerin einzugehen und nicht zuletzt: auf die räumlichen Gegebenheiten und Beschränkungen durch die anderen Tänzer angemessen zu reagieren. Wenn die Frauen diese Erfahrung selbst und direkt gemacht haben werden sie verstehen, wie schwierig es ist, dies alles umzusetzen ohne dabei in Stress zugeraten.

Die vielfältigen Nuancierungen, der Unterschied zwischen Gewichtswechsel und Seitschritt, der Unterschied zwischen einem harten und einem weichen, einem hohen und flachen einem leichten, schnellen und einem schweren, langsamen Voleo, und so viele andere mögliche Differenzierungen wird eine Frau dann viel genauer erkennen und dabei auch lernen, diese ihrerseits aufzunehmen, zu parieren.

Und dann wird eine Frau auch verstehen, wie dankbar der Mann ist, wenn er mit einer Frau tanzt, die nicht bei jeder Gelegenheit ihre überschäumende Kreativität mit ein paar Extraverzierungen zu beweisen sucht. Sie wird verstehen, warum ein Orchester nicht von zwei Dirigenten dirigiert werden kann. Und warum, auch wenn es nur einen Dirigenten gibt, ein Geiger nicht nach Lust und Laune eigene kleine Improvisationen dazuspielen kann: weil dann das Stück als Ganzes nicht mehr funktioniert.

Im Salontango, der eher eine interessante oder im besten Fall sogar geistreiche, aber immer höfliche Unterhaltung darstellt, gelten andere Regeln: Hier ist der Tango ein interessantes Zwiegespräch, eben eine Unterhaltung. Dies mag auch ein Vergnügen bereiten, aber die Tiefe des eigentlichen Tangos kann der Salontango eben durch diese Oberflächlichkeit des Intellektuellen niemals erreichen. Vom europäischen Tanzschultango rede ich gar nicht, - hier geht es nur noch um affektierte Posen und die Darstellung nicht vorhandener „Kopf-gefühle".

Schließlich spielt es auch noch eine nicht zu unterschätzende Rolle, ob beide Partner die Rollen tauschen oder nur einer, - das heißt, Mann und Frau als Frau und Mann miteinender tanzen oder ob nur einer der Partner die Rolle wechselt. Unterschiede in Körpergewicht und Größe können dabei natürlich Schwierigkeiten bereiten, - doch sollte man dies nicht überschätzen, weil man ja auch im normalen Rollenspiel auf die verschiedensten Partner trifft.

Die Rolle der Frau in der Gesellschaft

Für Frauen mag (verallgemeinernd gesprochen) gelten, daß sie ihrer Anlage nach dem gefühlsmäßigen und dem seelischen Bereich näher stehen als Männer. Dies ist eben der Bereich, in welchen uns der Tango führt. Dafür können wir verschiedene Gründe anführen:

Erstens liegt dies sicherlich an der allgemeinen biologischen Anlage der Frau. Dabei bleibt die gesellschaftliche oder räumlich-zeitlich-kulturelle Zugehörigkeit zunächst unberücksichtigt. Es ist die Fähigkeit der Frau, Mutter zu werden, zu empfangen und zu gebären, welche ihre Verankerung im Dasein so grundlegend prägt. Es wird dies am deutlichsten ausgesprochen in den alten Mythen der meist mutterrechtlich organisierten Naturreligionen: Die Verbindung der Frau mit den Mächten der Erde aber auch des Unterirdischen, Chthonischen, finden wir in den Mythen des vorolympischen Griechenlands: Astarte, Demeter, Persephone ...(Lit.: Bachofen: „Mutterrecht und Urreligion"; Frazer: „Der goldene Zweig"; Ranke-Graves: „Die weiße Göttin"; ...) Aber auch in Nordeuropa, Afrika, Südamerika lassen sich mutterrechtliche Gesellschaftsformen, teils in stark verwischten Spuren, teils bis heute existent (z.B. Nigeria) nachweisen.
Hier wäre auch darauf hinzuweisen, daß die einzigartige Durchschlagskraft des jüdischen Volkes über die Jahrtausende hinweg nicht zuletzt auf der mutterrechtlichen Basis des jüdischen Staats- und Religionswesens beruht: die Zugehörigkeit zum jüdischen Volk kann ausschließlich über die Abstammung von der Mutter bezeugt werden („der Vater ist immer ungewiss").

Zweitens sind es die Einflüsse der Umwelt, der Gesellschaft, der Religion, des staatlichen Systems, der herrschenden Philosophie, kurz gesagt, des jeweiligen kulturellen oder sozialen Umfeldes, welche die Eigenschaften der Frau prägen und definieren. Im abendländisch-christlichen Einflußbereich, welcher dominant patriarchalisch geprägt war und noch ist, wird die Frau vorwiegend in ihren gefühlsmäßigen, seelischen Qualitäten gesehen. Der Haken dabei ist, daß das Seelisch-Gefühlsmäßige als gesonderter Bereich definiert wird. Er wurde getrennt von den Strukturen von Macht und Herrschaft, aber auch von Vernunft und Wissenschaft, welche Bereiche fast ausschließlich dem Einfluß der Männerwelt unterstanden. Diese Entwicklung ist sicher die Hauptursache für die maßlose technokratische Entwicklung unserer heutigen Welt: Der Mensch hat sich gemäß dem Auftrag eines patriarchalischen Gottes die Natur untertan gemacht. Dabei zerstört er die Natur. Er sägt den Ast ab auf welchem er sitzt.

Als Drittes wäre zu betrachten die Rolle der Frau in der heutigen, westlich – modernen Welt, welche vor allem eine Welt ist von Arbeit, Konsum und Profitmaximierung. Ich will dabei nicht auf die Macht- und Herrschaftsstrukturen eingehen, welche hinter dieser Entwicklung stehen. Dies würde für unser Thema zu weit führen, obwohl gerade durch das Verstehen dieser Zusammenhänge das ganze Ausmaß der Katastrophe, in der wir uns befinden, erst überschaubar würde.
Heute sollen (und wollen) fast alle Frauen in die männliche Arbeitswelt eingegliedert werden. Die entsprechenden Chips werden unter dem Titel Gleichberechtigung und Emanzipation in alle Köpfe eingesetzt und zwar von allen Medien wie auch staatlichen Organisationen. Eine Frau, die „nur" Hausfrau und Mutter ist hat praktisch kaum mehr eine Daseinsberechtigung. Dies hat unweigerlich die völlige Zerstörung der traditionellen Familienstrukturen zur Folge. Dabei mag es durchaus Gründe geben welche dies nicht unbedingt als bedauerlich erscheinen lassen. Die Frage ist nur, wie eine Gesellschaft dann strukturiert sein kann, ohne daß die Menschheit in den Malstrom eines heillosen Materialismus stürzt. Dazu der folgende

Excurs:

Ich habe mich mit diesem Thema in meiner Skulptur "Stürzende" ende der 90er Jahre befaßt. Hier mein Text zu der Skulptur:
"Die „Stürzende"ist ein Hinweis auf den Sturz in die Heillosigkeit

in unserer Zeit. Die Frau, die durch die emanzipatorische Korrumpierung nicht mehr fähig ist, ihre Rolle zu spielen, ihre Aufgabe für die Menschheit in der Welt zu erfüllen ...

Früher haben nach Naturkatastrophen oder Kriegen die Frauen die Welt immer wieder ins Lot gebracht weil sie fähig waren mit ihrer seelischen Kraft dienend das Einvernehmen mit der Natur wieder herzustellen.Wenn aber die Frauen sein sollen und wollen wie die Männer verlieren sie diese Kraft. Wer soll dann noch retten?

Dies bedeutet den Sturz in die Heillosigkeit – für die Frauen, wie für die Menschheit im Ganzen.

Wenn die Frau in dieser Weise „emanzipiert" wird ist sie ihrer grundlegenden Bezüge zum Leben beraubt. Und das Leben der gesamten Menschheit ist in Gefahr.

Wenn aber die Worte Gleichberechtigung und Emanzipation nicht bloß scheinheilige aber verderbliche Euphemismen (Schönrednereien) sein sollen, dann müßten sie etwas bedeuten, was die natürlichen Möglichkeiten und Fähigkeiten der Frau in einer Weise zum Tragen und zum Ausdruck bringt, welche im Verein und Zusammenspiel mit den Fähigkeiten der Männer ein Leben in Harmonie und Freude bewirkt. Es kann dann nicht bedeuten, daß die Frauen die Tätigkeiten und Funktionen der Männer einnehmen, das heißt imitieren. Vielmehr müßte die weibliche Herangehensweise an die verschiedensten Aufgaben des Lebens im gesamten Gesellschaftsgefüge sinnvoll und wirksam integriert werden. Dabei müssen nicht alle Bereiche von Männern und Frauen (quotenmäßig) gleich besetzt sein. (Das ist ein Unsinn, wie er nur von Männern oder vermännlichten Frauen erdacht werden konnte.)"

Diese Ausführungen mögen einerseits zu knapp, andererseits zu weitschweifig erscheinen. Wichtig war mir, hier zu zeigen, daß die Fähigkeit, aus dem Gefühl und dem Empfinden heraus zu handeln, das ist, was die Frauen auszeichnet. Der Tango bildet das Reservat, in welchem es den Frauen möglich wird, ihre ursprünglichen Bedürfnisse des Gefühls und der Hingabe auszuleben und zwar gemeinsam mit den Männern.

Magnus Angermeier: "Stürzende", 1998 , Bronze, h: 24,5 cm

Es ist auch diese Fähigkeit der Frauen, welche die Männer auf so besondere Weise anzieht. Das heißt freilich nicht, daß die Männer kein Gefühl hätten, sondern lediglich, daß bei den Frauen meistens das hingebende Gefühl das dominante Element ist. Dies ist auch die Grundlage für die Rolle der Frau im Tango.

Die Haltung der Frau im Tango

Es ist schon in dem Kapitel über den Rollentausch zur Sprache gekommen, was die Rolle der Frau von der des Mannes unterscheidet. Dabei möchte ich hier nur über das Grundsätzliche sprechen, nämlich die Haltung. Sie bildet letzten Endes die Grundlage für einen erfüllend getanzten Tango.

Das wichtigste scheint mir dabei die „gelöste Spannung" zu sein, welche die Haltung einer guten Tänzerin ausmacht. „Gelöste oder lockere Spannung", das klingt zunächst paradox, - ein Gegensatz von Elementen, welche sich eigentlich gegenseitig aussschließen. Es stellt sich die Frage, was man unter diesen Begriffen versteht. Dabei ist vor allem die Aufmerksamkeit, welche wir unserem Körper zuwenden wichtig.

Die Gelöstheit oder Lockerheit, welche der Tango von der Frau verlangt, muß nämlich in sich durchaus eine Spannung enthalten. Das heißt, Gelöstheit ist nicht ein Zustand der Passivität, der Erschlaffung, der Schwäche, des Hinsinkens. Sie ist vielmehr ein aktiver Zustand einer durchaus eigenständigen Gegenwärtigkeit, eines Gewahrseins im rechten Maß. Dies darf jedoch nicht ausarten in eine ängstliche Nervosität, womöglich etwas „falsch zu machen". Genau diese Angst ist nämlich die schlimmste Behinderung, - sowohl für die Frau wie für den Mann.

Überhaupt ist es ein grundlegendes Mißverständnis, zu glauben, daß wir etwas „machen" müssen. In einem wirklich verstandenen Tango ist es nämlich nicht so, daß wir den Tango tanzen, sondern der Tango tanzt uns. Es ist die völlige Hingabe an die Musik. Dies gilt für die Frau genauso wie für den Mann. Man könnte den Mann vergleichen mit der Grammophonnadel, welche die Schwingungen auf der Schallplatte (das wäre die Musik) aufnimmt. Die Nadel überträgt die Schwingung auf die Membrane, welche die Frau darstellt. Und nur wenn beide zusammenstimmen kann aus dem Lautsprecher die Musik kommen. Die Nadel darf nicht zu dick und nicht zu dünn sein und die Membrane muß genau die richtige Spannung haben.

Die Spannung ist wie die Gelöstheit, vor allem eine Angelegenheit des rechten Maßes. Die Spannung im Körper der Frau muß sein wie die Spannung der Membrane, auf welche die Grammophonnadel die Schwingung der Musikwellen überträgt. Sie darf nicht zu weich und schlaff sein und auch nicht zu hart und überspannt. Sie muß ohne Absicht da sein, denn sobald eine Absicht dahinter steht verhärtet sich die Spannung und wird zur Verkrampfung.

Am besten wird dieses Gleichgewicht von Gelöstheit und Spannung vielleicht mit dem Wort Elastizität bezeichnet. Und natürlich gibt es auch hier kein Idealmaß. Der Grad der Elastizität ist immer auch abhängig von der jeweiligen Stimmung, der Musik und der speziellen Eigenart beider Partner.

Die gelöste Spannung ist wie ein Ort in der Landschaft unserer Gefühle und der aus ihnen entstehenden Haltungen. Es ist ein spezieller Ort und es ist nicht einfach, ihn zu finden. Seine besondere Qualität ist, daß er sich der Bemühung des Suchens so hartnäckig entzieht. Auch das klingt für uns genauso paradox wie das Gegensatzpaar von Gelöstheit und Spannung.

Das Problem liegt darin, daß wir so voreingenommen sind von der Steuerung durch unser Denken, daß für uns ein In-der-Welt-Sein ohne Denken, Absicht, Wille kaum mehr vorstellbar ist. Die Freiheit vom Denken und die Absichtslosigkeit ist der eigentliche Schlüssel zu der gelösten Spannung, welche die Grundlage eines erfüllenden Tangos ist.

Die Rolle des Mannes in der Gesellschaft

Die Rolle der Männer in den heutigen westlichen Gesellschaften ist nicht weniger fragwürdig und zwiespältig als die der Frauen. Die klassische Heldenrolle ist längst ausgespielt. Der heutige Mann ist ein gehetztes Nervenbündel, das im permanenten run nach Erfolg und Ansehen, im Beruf und in der Freizeit mit der Familie nie genug Aktivität zeigen kann. Er ist beherrscht von einem ständigen Gefühl der Unzulänglichkeit, daß er den oft divergierenden Anforderungen auf den vielen verschiedenen Gebieten in keiner Weise mehr gerecht werden kann. Für das Finden der eigenen Bedürfnisse, dem Sich-klar-werden über die eigene Person bleibt heute kaum mehr jemandem die Zeit. Auch in der sogenannten Freizeit ist der Kopf überschwemmt von der Informationsflut in den verschiedensten Medien. Die Beschleunigung durchdringt alle Bereiche und auch für die Einteilung der Freizeit braucht man wie in einem harten Managerjob einen eigenen Terminplan für Monate im Voraus: Freizeitstress. Jeder Pfurz muß geplant und gebucht werden. Die ständige Angst zu spät zu kommen, etwas zu versäumen, bringt die Menschen um ihren gesunden Hausverstand.

Für Ruhe und beschauliche Betrachtung der Dinge des Daseins, der Welt, der Menschen, die das eigene Ich betreffen, bleibt kein Raum. Da ist es kein Wunder, daß die Psychotherapeuten nicht über Kundenmangel klagen brauchen.

Die Haltung des Mannes im Tango

Ich komme nochmal auf die Heldenrolle zurück, weil gerade dieser Aspekt im Tango eine zentrale Rolle spielt. Der Held, z.B. Herakles, vollbringt Heldentaten, das heißt Außergewöhnliches, das eigentlich über die Möglichkeiten des Menschen hinausgeht. Dadurch nähert er sich den Göttern oder besser, dem Göttlichen an. Er wird ein Heros, ein Halbgott. In seinenTaten überschreitet er die Grenzen des mensch-

Magnus Angermeier: "Tango Capa", 2007, Bronze, h: 2 cm

lichen Vermögens, - auch die Grenze zwischen Leben und Tod. Dadurch hat er Teil am Bereich des Göttlichen.

Im Tango hat der Mann die Rolle des Machos. Der Macho ist ein Held. Und auch wenn er nur die Karikatur eines Helden ist, - der Anspruch bleibt dennoch gewahrt. Und vielleicht ist der Anspruch wichtiger als seine Erfüllung. Es ist der Anspruch, sich nicht unterkriegen zulassen, die drohenden Gefahren zu bestehen.

Es ist der Wille zur Macht, welcher allem Dasein zugrunde liegt, der diesen Anspruch des Helden nährt. Zumindest gilt dies für eine metaphysisch erlebte Welt. Auch wenn das philosophische Denken in metaphysischen Bahnen an sein Ende kommt, wie es Nietzsche gesehen hat und wie wir es heute in den weltweiten Vorgängen nicht nur an den

Rändern von Politik und Wirtschaft beobachten können, so ist doch das Motiv des Helden so etwas wie ein Archetypus im Sinne von C.G. Jung ("Traumdeutung").

Wenn ich nun hier die astrologisch begründete Psychologie C.G. Jungs ins Spiel bringe, so betrete ich ein ziemliches Niemands- oder Grenzland, so daß jeder Philosoph von echtem Schrot und Korn darüber nur die Hände über dem Kopf zusammenschlagen kann. Sind doch die Jung'schen Archetypen Metaphysik pur. Eh, - tant pis ... Vielleicht muß man einfach die ganze Metaphysik auch nur dem Gesamtbestand des Daseins als Unterbestandteil einordnen ? Ich weiß, - ich bin kein Denker. Auch wenn ich manchmal denke, - doch was heißt das schon?

Das worauf ich hinaus wollte ist folgendes:

Die Belohnung des Helden ist die Bewunderung und die Liebe schöner Frauen und eine gewisse Art von Unsterblichkeit. Sogar für einen völligen Antihelden wie Charles Bukowski hat dies noch Gültigkeit. So hat das Motiv des Helden durchaus einen archetypischen Charakter. Es stellt sozusagen ein Grundmotiv von Männlichkeit dar.

Der Tanguero ist Held (auch als Antiheld) und muß es sein, nicht zuletzt in der Erwartung der Frauen. Und in letzter Konsequenz ist er der Held, welcher die Konventionen bricht. Dies wird ihm am höchsten angerechnet. Und im Tango hat er die Möglichkeit und die Aufgabe, die Grenzen zwischen Ober- und Unterwelt in der Musik zu überschreiten und dabei die Frau mit sich zu führen, zu entführen.

Dazu ist es nötig, daß er die Bereiche von Ober-und Unterwelt und ihre Grenzen kennt und daß er weiters über die Mittel verfügt, nämlich die Tanztechnik und Haltung um diese Grenzen zu überschreiten und dabei auch die Frau mit sich zu nehmen. Dies heißt in der Praxis:

Für die Haltung des Mannes gilt, ähnlich wie für die Frau, die richtige Balance zu finden zwischen Gelöstheit und Spannung. Dabei liegt im Gegensatz zur Frauenrolle für den Mann die Betonung mehr auf der Spannung und Festigkeit. Ich greife nochmal den Grammophonvergleich auf: Der Mann ist wie die Nadel. Die Nadel besteht aus Stahl, hart aber auch bis zu einem gewissen Grad elastisch. Die Schwingung der Musik muß durch ihn ohne Frequenzverluste auf die Frau, die Membrane übertragen werden. Dies erfordert Festigkeit, aber keine Starrheit. Die Starrheit kommt aus dem Willen, der Absicht. Diese zu überwinden ist auch für den Mann die wichtigste Aufgabe.

Es ist für den Mann wichtig, daß er weiß wie er der Frau als Mann begegnen kann. Denn dann wird die Frau ganz schön im Tanz, ganz weiblich in ihrer Hingabe. Der Mann muß führen aus dem Bewußtsein seiner Kraft heraus und doch sich ganz hingeben, - an die Musik, - an die Frau, - ihre Bewegtheit und ihre Beweglichkeit.

Das gemeinsame Verständnis

Zu dieser Hingabe sind die Tänzer nur fähig, wenn sie innen in sich, in ihrer Kraft ruhen. Das können sie erst, wenn sie nicht mehr daran denken, wie sie für Zuschauer, die sie beurteilen, aussehen. Solange sie glauben, durch technisches Können und Figurenkenntnis zu bestechen, werden sie zu dieser Hingabe nicht fähig sein.
Die Haltung der echten Hingabe kann sich nicht auf den Tango alleine beschränken. Vielmehr kann sie erst dann im Tango wirksam werden, wenn sie zur allgemeinen Grundlage im Leben geworden ist.
Deshalb kann man sagen, daß ein Mensch im Tango in seiner ganzen Wesenheit sichtbar wird. Die Art und Weise seines in der Welt Seins wird, verdichtet, im Tango sichtbar. Dies gilt für den Mann wie für die Frau.

Zum Schluß

möchte ich allen danken, die auf direkte oder indirekte Weise an der Entstehung dieses Essays mitgewirkt haben.
Es mag vielleicht so scheinen, daß in diesem Text die Betonung allzu sehr auf verschiedenen Auffassungen und Deutungen des Tangos liegt. Doch ist es letztendlich mein Anliegen, die einigende Kraft des

Tangos zum Ausdruck zu bringen. Der Tango ist für mich sozusagen ein universaler Schlüssel, welcher eine Vielzahl von Ausdeutungen zu erschließen und zu vereinigen vermag. Deshalb ist es wichtig, daß nicht eine Schule oder Auffassung die Welt des Tangos dominiert, sondern daß eine Vielfalt von Schulen und Stilen fruchtbar neben- und miteinander bestehen und wirken kann.

Metatango/
Tango Implosión

Magnus Angermeier
Essay

Inhalt:

Vorbemerkung

Dieser letzte Teil meiner Essay-Trilogie zum Thema Tango vereint einige Themen, deren Zusammenhang nicht zwingend gegeben ist. Dennoch besteht ihr innerer Zusammenhang eben darin, daß sie einerseits über das engere Tangothema hinaus, - und andererseits gerade in dessen Innerstes hineinweisen. Darauf verweist auch der doppelte Titel: „Metatango/Tango Implosión".

Die Texte sind entstanden im Zeitraum zwischen 2013 und 2020. Das ist auch der Grund dafür, daß diese Texte teilweise Modifizierungen der Aussagen in den vorangehenden Essays beinhalten. Aber auch Wiederholungen ließen sich nicht immer vermeiden.

Insgesamt glaube ich, mit dieser Sammlung meinen theoretischen Beitrag zum Thema Tango abschließen zu können. Und hoffe, daß die Aspekte, die ich hier anbiete, noch lange in der großen Tangogemeinde der Welt Anlaß zu Gesprächen bieten werden.

Magnus Angermeier
Eschelberg, im Januar 2020

Tango und Drama

Der Tango eignet sich, auch wenn dies immer wieder versucht wird, nicht für die Darstellung in einem Film oder Roman. Ein Film oder Roman ist immer nach den Regeln der Dramaturgie aufgebaut: Handlung läuft ab auf einer Zeit-, Handlungs- und Ereignisschiene. Eine gewisse Analogie können wir am Beispiel der Fotografie sehen: Man kann schöne, d.h. als Fotografie wertvolle Tangofotos machen. Das entscheidende Moment jedoch, nämlich die Bewegung ist im Standfoto nicht darstellbar, auch wenn das Foto als solches eine hohe Qualität aufweist.

Der Tango hingegen erschafft ein Medium, welches geradezu die Zeit transzendiert. Im Tango verlassen wir die dramatische Entwicklung der Ereignisse, welche in der Zeit verankert ist.
Im Tango tauchen wir ein in die vierte Dimension (.. Ouspensky). Hier ist die Zeit keine Linie , welche sich von A nach B (Vergangenheit in die Zukunft) bewegt.
In der 4. Dimension ist die Gesamtheit der (Da)Seinsmomente bildlich eher als Block vorstellbar. Und in diesem Block ist die Gesamtheit aller zeitlichen Entwicklungen inbegriffen, ja, der Block besteht letztendlich aus diesen unendlich vielen (individuellen) Zeitlinien oder -strängen. Dieser Block hat wie das Universum keine Richtung mehr. (… Linearität und Spiralstruktur …)
Deshalb ist es auch nicht möglich, das Wesen des Tangos anhand der dramaturgisch strukturierten Handlung darzustellen. Denn gerade die Verflechtungen der dramaturgischen Handlungsentwicklung werden ja im Tango überwunden und verlassen.

Der Tango stellt die Zeitlosigkeit innerer Schönheit (wie sie in der Musik erschaffen wird) in den Raum der 3. Dimension. Zwar geschieht dies, von außen gesehen, in der chronologischen Zeit. Doch wird für das innere Auge die Zeit als lineare Struktur aufgehoben. Dieses Geschehen erleben wir als eine unumstößliche Tatsache.

Am ehesten läßt sich dies vielleicht verstehen aus der (irrationalen) Logik, welche gelegentlich im Schattenreich unserer Träume waltet. Hier wird häufig die Absurdität unseres Wollens und unserer Absichten sichtbar. Gerade das Paradoxe ist im Traum oft die Grundlage des Geschehens. So lösen sich im Traum z.B. unlösbare mathematische Probleme wie von selbst und die Schwerkraft stellt kein unüberwindliches Hindernis mehr dar. Mühelos, spielerisch, absichtslos bewegen wir uns durch Zeit und Raum in verschiedensten Richtungen.

Wenn im Film „Tango libre" xxx zu Chicho sagt: „Alle Argentinier tanzen Tango" antwortet Chicho: „Ja, - alle Argentinier, - außer mir". Dies ist der Kernpunkt des Films. Chichos Aussage bedeutet nicht, daß er keinen Tango tanze, auch nicht, daß, wenn das was die Argentinier tanzen, Tango ist, das was er (Chicho) tanzt nicht Tango sei. Auch macht er sich gar nicht die Mühe, die Klischéhaftigkeit dieser Aussage (vergleichbar mit "alle Österreicher fahren Ski") in Frage zu stellen. Über diese Banalität geht er ohne ein Wort zu verlieren einfach hinweg.
Vielleicht wird es als eine Anspielung auf das Tao Te King verständlich: Dort würde es einfach heißen: „Der Tango über den etwas ausgesagt werden kann, ist nicht der wahre Tango".

Da muß ich mich natürlich fragen, warum ich diesen Text schreibe? Die Antwort ist: Weil ich sehe, daß es in diesen Fragen kleine, aber auch große Unterschiede gibt und dadurch auch vielfache Missverständnisse entstehen. Und, auch wenn wir auf diese Fragen keine unumstößliche Antworten bekommen können, so macht uns doch das Gespräch darüber in neuer Weise mit ihnen vertraut.
Fazit: Tango sollte man nicht versuchen darzustellen, - man soll ihn einfach tanzen!

Tango und Tradition

Bei meinem Eintritt in die Tangowelt vor gut 15 Jahren (2003) bildete die Tangowelt noch eine relativ kleine, in sich geschlossene Einheit. Es wurden vorwiegend klassische Tangos, welche damals noch oder eben wieder neu waren, aufgelegt. Und gelegentlich wurden auch neuere Stücke eingeflochten. Dagegen gab es einzelne Einwände. Auch ich, damals noch Anfänger, konnte mich nicht so leicht auf neue Formen des Tangos einstellen. (siehe: LTT: Die Musik des Tangos) Allerdings bin ich bei härteren Interpretationen wie sie aus der Rock-, Metal- oder Technoszene einströmen, wo meist das Schlagzeug eine dominante Rolle spielt, auch heute nicht ganz ohne Vorbehalte.

Trotzdem, muß man sagen, herrschte damals eine Offenheit, auch eine Neugierde, die ich heute vermisse. Es sind Fronten entstanden, welche den Tango in verschiedene Lager gespalten haben.
Und es gibt anscheinend eine Lobby, welche international den Tango auf die ausschließlich vor 1940 gespielte Musik zu reduzieren versucht. Dabei beruft man sich auf die „Tradition". Der Tango soll hier anscheinend unverrückbar festgeschrieben werden.

Wenn wir die Geschichte des Tangos und insbesondere seine Anfänge betrachten, sehen wir, daß das Erhalten einer Tradition niemals das Anliegen des Tangos war. Das Gegenteil ist der Fall: Der Tango war und ist ein Ausbrechen aus den Traditionen von Herrschaft, Gewalt und Sklaverei. Er war immer ein Zufluchtsort für die unterdrückten Menschen, die von der Politik, Religion und Wirtschaft ausgebeutet wurden und werden. Darin besteht seine eigentliche Bedeutung für die Menschheit. Nur unter diesem Gesichtspunkt kann der Tango als „Weltkulturerbe" gesehen werden, nicht aber indem man ihn auf eine historische Tanzform reduziert. Die wesentliche Grundlage und das eigentliche Ziel des Tangos ist die Freiheit: LIBERTANGO, TANGO LIBRE, ...
Man stelle sich einmal vor: Die echten, „traditionellen" Tangueros der

Öl auf Jute, 2003, MA

20iger und 30iger Jahre, die darauf bestehen, daß ein echter Tango mindestens 60 Jahre alt sein muß und nur in rauch- und alkoholfreier Atmosphäre getanzt werden darf … Wie vernagelt muss man denn sein, um nicht die Absurdität solcher Forderungen zu sehen? Sind wir so blind geworden, daß wir nicht sehen können, welche Interessen dahinter stecken?

Natürlich haben die alten, frühen Milongueros nicht nach 60 Jahre alter Tangomusik getanzt: Das neueste war gefragt, auch wenn man den Candombe und die Chacarera nicht ausschloß. Und heute?

Heute wollen uns ein paar reaktionäre Wichtigtuer weis machen, daß Tango nur echt ist, wenn er nach mindestens 60 Jahre alter Musik getanzt wird. Und weil sie so laut schreien und sich im Konsens mit den herrschaftsdominierten Medien wissen, hält man sie für eine Mehrheit. Das wäre einfach nur lächerlich, wenn es nicht so schlimm wäre. Und wenn man sich anschaut wie diese Leute tanzen, kann man sich des Eindrucks, daß hier lediglich aus einer Not eine Tugend gemacht wird, kaum erwehren.

Natürlich muss man hier heutzutage auch die sogenannte Unschuldsvermutung gelten lassen: „...denn sie wissen nicht was sie tun." Man muss diese „Traditionalisten" verstehen: Wenn man brav seine Grundschritte gelernt hat, dazu ein paar nette „Verzierungen", dann ist man beim traditionellen Stechschritttango auf der sicheren Seite. Man braucht nur noch den Rhythmus richtig erwischen und es läuft. Es kann einem nichts mehr passieren, man kommt nicht in unvorhergesehene Situationen. Für solche Leute ist es im Neotango und auch bei Non-Tango-Stücken weit gefährlicher: Hier gibt es zeitliche, rhythmische Dehnungen, Modulationen in der Dynamik, etc..., da muss man wirklich auf die Musik eingehen, mit der Musik verschmelzen. Man muss lebendig und in jedem Augenblick achtsam sein. Das ist anstrengender aber in Wirklichkeit das einzig Spannende.

Natürlich gibt es auch unter den klassischen Tangos der „goldenen Ära" viele wunderbare Stücke und kein Tangotänzer würde diese wohl missen wollen. Auch geht es mir hier nicht darum diesen Schatz an schönen, alten Tangos zu verunglimpfen. Ich liebe sie. Nur: Zuviel Gold wird auf die Dauer langweilig. Erst die Schatten und Kontraste, die feineren und gröberen Nuancen, bringen das Gold zum leuchten.

Kitsch und Ironie

Beides ist möglich im Tango und der schmale Weg zwischen beiden ist eine Gratwanderung, auf die sich die Tanguerosas immer begeben.

Dabei sind grundsätzlich zwei Situationen zu unterscheiden:

1. Die Situation, in welcher das Augenmerk der Tänzer auf den äußeren Eindruck, den ihr Tanz auf die Zuschauer macht, gerichtet ist. Es handelt sich dabei eher um einen Show- Tanz als um das innere Wesen des Tangos.

2. Der eigentliche Tango, in welchem es nur drei Dinge gibt: Die Musik und die beiden Tänzer, welche jedoch in der Musik zu einer Einheit verschmelzen. Also eigentlich nur zwei Dinge: Die Musik und das Paar. und auch diese beiden werden zur Einheit.

Sprechen wir zunächst von den eitlen Tänzern oder besser, vom eitlen Tanz. In dieser Situation tanzen die Tänzer hauptsächlich für das Publikum, sie wollen mit ihrem technischen Können brillieren. Für solche ist das wichtigste, bewundert zu werden und (am wirksamsten von nicht Tango tanzenden) Zuschauern bestaunt zu werden. Neben der technischen Raffinesse wird dabei auch mit besonderer Vorliebe die Hingebungsfähigkeit zur Schau gestellt. Und tatsächlich, - sobald bewundernde Zuschauer gespürt werden, - ist die Verlockung, deren Erwartungen zu erfüllen und die „knisternde Erotik" des Tangos zu demonstrieren, groß. Ich kenne das aus eigener Erfahrung und weiß wovon ich spreche. Daß diese zur Schau gestellte Hingabe kaum etwas anderes als Kitsch sein kann liegt in der Natur der Situation. Und nur ausnahmsweise gelingt es, in dieser Show- Situation das Gefühl und die Hingabe und Zärtlichkeit, welche ja nur gespielt sind, wenigstens zu ironisieren. Dabei bleibt die Frage, in wie weit der unbedarfte Nichttangotänzer dies nachvollziehen kann.

Besonders störend für den Fluß einer Milonga, welche ja eine ständige Rotation der Tänzer im Saal sein sollte, wird dieses Show- Tänzertum wenn der vermeintliche Star (denn meistens ist der Mann, der führt, verantwortlich) den Raum vor den Sitzplätzen der Zuschauer benutzt, um alle seine Künste vorzuführen.

Nun wird dadurch nicht nur der Fluß der Milonga für alle anderen Tänzer blockiert und unterbrochen, - es entsteht auch eine Anspannung, welche die ganze Milonga belastet. Wenn man dann bei einer Milonga zwei oder drei solche Showtänzer hat, die ständig um die prominenten Plätze rangeln und rivalisieren, ist das besonders schlimm. Es kann sich dadurch eine Spannung aufbauen, welche die gesamte Atmosphäre überhitzt und zerstört. Die reine Hingabe an die Musik wird dann auch für alle anderen sehr schwer, fast unmöglich. Wenn drei Gockel auf dem Mist um die Wette krähen, können selbst die Tauben nicht mehr ruhig um ihren Schlag kreisen.

Da es unhöflich wäre, als Veranstalter hier verbal einzugreifen, bleibt fast nur die Möglichkeit, durch die aufgelegte Musik in die eine oder andere Richtung gegenzusteuern. Dies bedarf allerdings eines gewissen psychologischen Geschicks. Und auch dann geht die Rechnung nicht immer auf.

Hier wäre auch noch anzuführen der Unterschied im Showtanzen zwischen Männern und Frauen. Dabei sind es vorwiegend die Männer die dafür verantwortlich sind. Aber auch eine ehrgeizige Frau, welche ihre Eigenwilligkeit und ihre Frauentechnikkurserfahrungen vorführen will, kann extrem nerven. Ein Tango im Fluß der Musik wird dabei oft unmöglich. Der Tango wird dann eher zu einer folkloristischen Vorführung von Äußerlichkeiten, wie sie bei Trachtenvereinen beliebt sind. Gratuliere. Jedenfalls finden dann die Richtigen zueinander.

Die soeben beschriebenen Erscheinungen des Showtänzertums haben jedoch nichts mit dem Wesen des eigentlichen Tangos, wie ich ihn verstehen möchte, zu tun. Das was der Tango seinen „fedeles", - das sind die „Getreuen" - bietet ist weit mehr als das sich zur Schau stellen vor Publikum. Es ist das Eintauchen und Verschmelzen zweier Individuen zu einer Einheit in der Musik.

Nun kann ich als Mann zu meiner Tänzerin die selbe Einstellung haben wie zu einem weiteren Publikum: Ich kann ihr etwas vorspielen. Ich kann sie begeistern mit meinen technischen Spielereien, ich kann sie bestricken mit einer besonderen Inbrunst, verschwiegenen Streicheleien, schmachtender Umarmung. All dies gehört selbstverständlich zum Tango. Und doch: es gibt da einen sehr feinen aber grundsätzlichen und wesentlichen Unterschied:

Das ganze ist ein Spiel.

Als Mann will ich die Frau betören. Will, daß sie ganz Frau ist, ganz Hingabe. Ich will sie nicht besitzen, nicht heiraten. Dann wäre es kein Spiel mehr. Dann wär's bitterer Ernst.

Die ganze Zärtlichkeit, das Aneinanderschmiegen, - sich lösen und wieder zusammenfinden, - es ist , und kann nicht mehr sein, als das Andeuten einer Möglichkeit. Nur solange es Möglichkeit ist, und nur diese, ist es ein Spiel, ist es leicht und unbeschwert, ohne Verpflichtung, ohne Stress und ohne Krampf. Es ist die Befreiung von dem Terror und den Nöten der bürgerlichen Ehe. Dies ist ein ganz intimer Vorgang, nicht für irgendein Publikum, - nur ein Zwiegespräch zwischen Mann und Frau. Jeder ganz in seiner Rolle (mit dem Anderen). Nur dadurch, daß dieses Zwiegespräch ein Spiel ist, die Andeutung einer Möglichkeit und nichts weiter, - nur dadurch ist es schwebend und leicht, unbeschwert, - wir sind wie im Flug. Es wird keine Vergangenheit zitiert und keine Zukunft beschworen. Nur die Gegenwart feiert sich und verströmt sich, - im Augenblick die Unendlichkeit. Es ist das höchste, was der Mensch erreichen kann. Das können nur die Tangotänzer.

Aber wie gefährlich ist diese Situation! Welche Abgründe tun sich da auf! Wie verlockend ist es , diesen Augenblick des gemeinsamen

Schwebens und der Verschmelzung in der Musik verlängern zu wollen. Wie schwer ist es, da nicht nach der Zukunft zu schielen! Wieviele Paare haben sich da nicht schon „gefunden"? Und das Ergebnis? - Beziehungsalltag, Beziehungsstress, bis zur Trennung - „Ent-täuschung". Da findet dann die Täuschung ihr Ende. Man wurstelt dann noch eine Weile weiter bis die nächste Täuschung sich einstellt.

Deshalb erscheint es mir so wichtig, diese Situation, diesen Höhepunkt des Daseins realistischer zu sehen. Es ist eine sehr feine Nuance, ein minimaler Unterschied in der Betrachtung, der uns viele falsche Hoffnungen und Enttäuschungen erspart.

Wenn wir realistisch sind erkennen wir, daß dieses Glück der Vereinigung nur im Augenblick möglich ist, - daß es nicht verlängert werden kann, daß es nur die Andeutung einer Möglichkeit ist und sein kann. Dann können wir das Verlangen nach einer Verlängerung dieses Glücks als Farce, als Täuschung, als Trug entlarven. Wir können es nur im Augenblick genießen. Wenn uns das klar ist, können wir heiter bleiben und unseren Wunsch auf Dauerhaftigkeit im Spiegel der Ironie betrachten. Die Ironie ist das Infragestellen eines „Gefühls", welches sich als „wahr" betrachtet. In diesem Gefühl liegt nämlich die „Täuschung".

Nach all unseren Erfahrungen gibt es keine Wahrheit und es kann auch keine absolute Wahrheit geben außer der, daß es eine solche eben nicht gibt. Und vielleicht ist das beste Mittel im Umgang mit dieser Wahrheit die Ironie.

Wikipedia:

„Ironie (griechisch εἰρωνεία eironeía, wörtlich „Verstellung, Vortäuschung") bezeichnet einerseits eine rhetorische Figur, bei der sich der Sprecher verstellt. Damit verbindet der Sprecher dennoch die Erwartung, dass der wahre Sinn seiner Äußerung verstanden werde.

Die einfachste Form der rhetorischen Ironie besteht darin, das Gegenteil von dem zu sagen, was man meint. Um Missverständnissen vorzubeugen, kann Ironie dabei von sogenannten Ironiesignalen (Mimik, Gestik, Betonung, Anführungszeichen usw.) begleitet sein, die den

Zuhörer erkennen lassen, dass der Sprecher das Gesagte nicht wörtlich, sondern ironisch verstanden wissen will.

In der Regel beruht das Verstehen von Ironie darauf, dass Sprecher und Hörer wissen, dass sie bestimmte Überzeugungen teilen, man spricht auch von „geteilten Wissensbeständen". Die ironische Äußerung verstößt scheinbar gegen die geteilten Wissensbestände, der Sprecher verletzt die Erwartung des Hörers, dass gemeinsame Wissensbestände beachtet werden."

soweit Wikipedia.

Da beim Tango in der Regel nicht gesprochen, sondern getanzt wird, kann die Ironie hier zunächst durch Mimik und Gesten zum Ausdruck gebracht werden, was aber auch leicht mißverstanden werden kann. Wichtiger erscheint mir die innere Haltung, welche, im Gegensatz zum alltäglichen, vernunftorientierten Leben, im Tango besonders stark wahrgenommen wird.

Was das bedeutet ist schwer zu erklären. Meiner Erfahrung nach ist es vor allem das ganz starke innere Bewusstsein daß es sich ausschließlich um ein Spiel, eine Andeutung von Möglichem handelt. Alle Zärtlichkeit, alle schwärmerische Hingabe, ja selbst erotische Andeutungen und Attacken sind für den Tanzpartner nur plumpe Annäherungsversuche, Zumutungen, solange sie nur das sind, was sie sind. Erst durch die (innere) ironische Haltung, welche all diese Spiele als solche erkennbar macht, sind sie nicht mehr konkret, nicht mehr mit der Hoffnung auf eine Fortdauer verbunden. Sobald die Spekulation auf eine Dauer wegfällt, fällt auch der Druck einer möglichen Verpflichtung weg. Nur dann ist das Spiel wirklich ein Spiel.

Jemanden zu liebkosen mit dem entschiedenen Verzicht auf den Anspruch auf Dauerhaftigkeit der Verbindung widerspricht den gewohnten Konventionen unserer Gesellschaft. Darin liegt die Ironie. Auf welche Weise diese im Einzelfall zum Ausdruck gebracht werden kann, - dafür gibt es kein Rezept. Jeder muß dies für sich und seine Möglichkeiten und auch die Möglichkeiten des Partners selbst finden. Das ist nicht einfach aber spannend.

Ironie im Tango

Die Ironie oder genauer, die ironische Betrachtung stellt die Kategorien der Wirklichkeit in Frage. Sie fragt danach, unter welchen Bedingungen oder Voraussetzungen etwas, ein Sachverhalt, auf diese oder jene Weise betrachtet werden kann. Sie weist uns hin auf die Tatsache, daß der Boden, auf dem wir uns bewegen nur eine dünne Schicht ist: zerbrechlich, immer in Bewegung, - nichts Festes, Unveränderliches, Sicheres, wie wir immer hoffen und wünschen. Unsere Angst vor dem Ungewissen wird in der ironischen Betrachtung sichtbar. Und dieses Sichtbarwerden unserer Angst ist etwas, das wir vielleicht noch mehr fürchten als die bloße Unsicherheit, welche unser gesichertes Dasein in Frage stellt.

Dies ist auch der Grund, warum wir der Ironie immer mit gemischten Gefühlen begegnen: Sie zieht uns an und stößt uns ab. Sie führt uns das Dilemma der Erkenntnis vor Augen. Sie zeigt uns was wir fürchten, was wir nicht wahr haben wollen und was wir doch nicht abwenden können.
Doch gerade darin liegt der Wert der Ironie: Sie macht unsere Angst sichtbar, aber in einer Weise, die den Humor nicht ausschließt. „Humor ist, wenn man trotzdem lacht". Humor ist immer auch Galgenhumor, - ein Sichfügen ins Unabwendbare, eine Relativierung der Wertungen. Der Humor macht das Leben ertragbar: Zu jedem Übel läßt sich ein noch schlimmeres denken.
Gerade der Humor und die Komik, welche in der Ironie sichtbar werden machen ihr eigentliches Wesen aus.

Die Möglichkeit der ironischen Betrachtung kommt im Tango zum tragen wenn wir diesen als Rollenspiel verstehen: Jeder der beiden Partner verwirklicht seine gesellschaftliche Rolle: Der Mann die männliche: führend, rational, bestimmend, stark, maßgebend, … - die Frau: folgend, gefühlsbetont, hingebend, annehmend, aufnehmend, … Da es sich bei diesem Rollenspiel um ein Spiel handelt, wird es

Acryl auf Leinwand, 2012, MA

für beide Partner möglich, die eingenommene Rolle zu betrachten, zu reflektieren, zu kritisieren und auch, sie zu modifizieren. Genau an diesem Punkt setzt das ironische Moment ein: Die Möglichkeit, meine Rolle zu modifizieren.

Ich kann als Mann meine männliche Rolle übersteigern bis zur Persiflage, - so weit bis diese Rolle in ihrer Fragwürdigkeit sichtbar wird. Dann, und erst dann, kann meine Partnerin und mich ein Lachen aus dem Korsett des konventionellen Rollenschemas befreien.

Natürlich kann ich auf diese Weise alles Mögliche parodieren: nicht nur mich selbst oder meine Rolle, - auch die anwesende Gesellschaft oder Teile von ihr, die gespielte Musik oder auch nur einzelne Passagen daraus. Aber auch meine Partnerin kann ich unter dem einen oder anderen Aspekt parodieren: Ihre vielleicht überspitzte Selbstdarstellung, - zum Beispiel in einer übertrieben inbrünstigen Hingabe oder aber auch in einer rationalen oder vielleicht auch pseudorationalen Widerspenstigkeit.

Dasselbe gilt natürlich auch in umgekehrter Richtung: Die Frau kann den Mann in seiner selbstdarstellerischen Eitelkeit antreiben bis zur Lächerlichkeit, oder auch diese sabotieren durch Blockaden oder Eigenwilligkeit, - „Mißverstehen"...

Bei alldem ist die wichtigste Voraussetzung, daß das Ganze spielerisch bleibt und nicht verletzend wird. Und das kann nur dadurch erreicht werden, daß man zunächst sich selbst in Frage stellt, kritisiert und selbstironisch, humoristisch betrachtet und keine Scheu hat, dies auch darzustellen. Was uns von den gesellschaftlichen Zwängen befreit ist das Lachen. Und das ist zunächst einmal das Lachen über sich selbst und die Rolle, welche man zu spielen meint.

Nun mag es sein, daß dieser Aspekt der Ironie im ganz, ganz echten, argentinischen „Tango Argentino" ursprünglich gar nicht vorhanden ist. Ich war nie in Argentinien. Jedoch mir scheint, daß dort der Mann tatsächlich häufig nur ein eitler Gockel ist, - eben der Compadre oder Compadrito -und die Frau sein willenloses Opfer (abgesehen von den

Zicken...) Eine Sado – Masopartie. Und vielleicht ist das auch der Grund dafür, daß hierzulande vielen, vor allem Nicht-Tango-Tänzern, der Tango Argentino als starr, komisch anzusehen, oder auch anrüchig erscheint. Und, - zugegeben, ich bewege mich hier auf dem Boden der Spekulation.

Trotzdem möchte ich den Faden hier weiterspinnen und fragen, ob es nicht gerade das Besondere aber auch Völkerverbindende am Tango ist, daß er, -obwohl aus einer Wurzel gewachsen, - doch viele verschiedene Blüten treibt. Betrachten wir z.B. den finnischen Tango, der durchaus ein eigenes Profil besitzt: Man kann sich klimatisch, aber auch sozialpsychologisch kaum einen größeren Gegensatz vorstellen als Finnland und Argentinien. Und auch beim Tango: Wenn die Spielarten und Grundregeln bei beiden Völkern auf den ersten Blick gleich oder ähnlich erscheinen, - wie groß ist doch der Unterschied in der psychologischen Haltung und Motivation: Bei den Argentiniern das Starre, Formalistische, aus derEitelkeit des übersteigerten Egos. Bei den Finnen dagegen die Knappheit und Minimalistik der Bewegung aus der nordischen Schwermut und Depression, die nicht zuletzt auf dem verbreiteten Wodka – Alkoholismus beruhen mag. Doch dies nur als Beispiel. Wie die Japaner oder Chinesen den Tango verstehen und umsetzen weiß ich nicht. Ich kann mir aber vorstellen, daß auch dort, im fernen Osten, sich eine ganz eigene Version des „Tango Argentino" entwickelt. Ja, ich kann es mir eigentlich nicht anders vorstellen. Die Offenheit des Tangos- und das ist seine hervorragende Qualität, läßt eben viele Deutungsmöglichkeiten zu.

Das Lachen

Das Lachen war nicht immer und überall selbstverständlich in der Welt. Es wird auch gesagt, daß die Fähigkeit zu lachen ein wesentliches Merkmal ist, welches den Menschen vom Tier unterscheidet. Ich kann hier keine Kulturgeschichte des Lachens schreiben, - wer könnte das schon? Und doch hat der historische Aspekt für unser Thema Relevanz.

Ein wichtiges Thema bildet das Lachen im antiken Griechenland: Das Lachen des Prometheus ist ein Hohngelächter. Es gehört der archaischen, vorhomerischen Zeit an. Der unterlegene, gefesselte Prometheus verhöhnt seinen überlegenen Peiniger Zeus, dessen Überlegenheit angesichts des reinen Seins, - vielleicht auch des Schicksals, - keine Bedeutung mehr hat. Er bleckt, obschon am ganzen Körper gebunden, die Zunge heraus, - Was für eine Geste! Wir kennen sie von malerischen Darstellungen auf antiken Vasen. Auch in der heutigen Welt kennen wir diese Pose und Geste: Mick Jagger hat sie bei Bühnenauftritten geradezu als Markenzeichen verwendet. Und seine Aussage ist dieselbe wie die des antiken Prometheus: es ist der Hohn des Geknechteten Sklaven angesichts der scheinbaren Übermacht der Herrschenden, angesichts des bloßen Seins.

Eine Weiterentwicklung des blanken Hohns stellt der feinere Spott dar. Ein schönes Beispiel gibt die Situation zwischen Diogenes, dem Philosophen, der in einem alten Weinfass haust, und Alexander dem Großen, dem Welteroberer. Auf die Frage Alexanders, womit er Diogenes einen Gefallen erweisen könnte (er denkt dabei an ein großartiges Geschenk), antwortet dieser: „Geh' mir nur ein bißchen aus der Sonne." Wie schön und ironisch, die Größe Alexanders an der Sonne zu messen. Das braucht keinen Kommentar.

Weltkulturerbe Tango

Wer? hat denn den Tango zum Weltkulturerbe „erklärt"? Welche Interessen stehen dahinter? Vielleicht sollte man diese Herrschaften (mit Diogenes) einfach bitten, „uns ein bißchen aus der Sonne zu gehen"... Vielleicht sollte man diesen Herrschaften auch nur den guten Rat geben, einfach selbst Tango zu tanzen. Vielleicht könnten sie dann verstehen, daß es der Tango nicht nötig hat, von irgend jemandem, der sich für besonders wichtig hält, zu irgendetwas „erklärt" zu werden. Ich will hier nicht den Teufel an die Wand malen, aber: Diese „Erklärung" könnte auch der erste Schritt sein im Kampf gegen den Tango und die Freiheit des Tangos. In der Folge wäre dann mit einer globalen

Vereinnahmung des Tangos zu rechnen. Etwa in der Form, daß wer sich nicht an irgendwelche pedantischen, „autorisierten" Regeln hält, nicht mehr „Tango" tanzen darf...

Deshalb bitte ich diese Herrschaften: Geht uns doch bitte ein bisschen aus der Sonne.

Zum Schluß

Wir sehen heute eine immer weiter und schneller voranschreitende Globalisierung unserer Erde. Es geschieht dies im Interesse von Kartellen, Eliten, Logen, (- wie auch immer...) welche die Menschheit vereinheitlichen und in der Folge ihrer Macht unterwerfen, das heißt, versklaven. Dieses Vorganges müssen wir uns bewußt sein, wenn uns unsere Freiheit und die unserer Kinder und Enkel am Herzen liegt. Wir haben den Punkt erreicht, den uns George Orwell, Aldous Huxley und auch der Film „Fahrenheit 491" schon vor über einem halben Jahrhundert prophezeit haben. Der Raubtierkapitalismus kommt heute in der Verkleidung als internationaler Sozialismus. Er beutet die Natur und mithin die Menschen, die nur ein Teil der Natur sind, gnadenlos und auf kriminelle Weise aus.

Welche Rolle spielt nun hier der Tango?
Der Tango ist, global gesehen, ein Instrument zur Verständigung zwischen den Völkern unter Wahrung ihrer jeweiligen Identität. Der Tango bietet uns einen Rahmen, in welchem jedes Volk der Erde seine kulturelle Eigenart leben kann. Und doch können in diesem Rahmen sich alle mit allen unterhalten und austauschen. Das gibt uns eine große Freiheit und die können wir uns hoffentlich bewahren. Es lebe die Freiheit!

Zu meinen Tangobildern:

Der Tango und die Begegnung im Tango wird hier dargestellt als Begegnung der Seelen. Die Seele in ihrer reinen Form ist nackt. Und der Körper ist die Trägersubstanz der Seele.

Deshalb entspringt die Nacktheit meiner Tangotänzer nicht den voyeuristischen Bedürfnissen einer verklemmten Gesellschaft. Sie ist vielmehr Ausdruck der reinen gemeinsamen Hingabe an die befreiende Wirkung der Musik. Dieses außergewöhnliche Erlebnis zu zweit wird möglich im frei getanzten argentinischen Tango. Mit Worten kann man es eigentlich nicht beschreiben. Man kann es nur erfahren wenn man selbst Tango tanzt.

Kulturgeschichtlich wäre anzumerken, daß im Rahmen von Naturreligionen Nacktheit meist ein Hinweis ist auf einen Zustand oder Vorgang, welcher dem Alltäglichen enthoben ist. Körperliche Nacktheit ist hier ein Verweis auf die Nacktheit, die Reinheit der Seele, welche in ekstatischer oder auch meditativer innerer Bewegung dem Alleinen nahe ist.

Magnus Angermeier

- Geboren 1949 in München
- Schule in München, Kiel und Regensburg
- Studium der Landschaftsarchitektur an der TU-München-Weihen-stephan, 1971 - 1976
- Studium der Völkerkunde mit Schwerpunkt Komparatistik an der Ludwig-Maximilians-Universität München, 1977 - 1982
- Lehrauftrag an der Hochschule für künstlerische Gestaltung, Linz 1990 - 2000 "Landschaftsarchitektur für Architekten"
- Lebt und arbeitet seit 1982 als Bildhauer und Landschaftsarchitekt in Eschelberg, Oberösterreich
- Tango seit 2003
  Seitdem finden im Atelier Eschelberg vierzehntägig Tango-Milongas statt.
  Alljährlich kommen Tangotänzer und Musiker aus aller Welt zu den "Eschelberger Tangotagen", die immer an einem langen Wo-chenende im Frühsommer statt finden.

- Webseite: http://eschelberg.net/Tango
- mail: magnus@eschelberg.net